AptyCare 目次 1号

楽楽生活レクリエーション
高齢者のためのレクリエーション
高橋紀子 …… 2

おもちゃでリハビリ
おもちゃで元気に。手足が楽しく動く・運動
松田 均 …… 6

みんなで遊び歌
音楽で体力の衰えを防ぎ、寝たきり、痴呆症の予防を
赤星多賀子 …… 8

〈特集〉「自分でつくる楽しさ発見」
- 紙ビーズで作る　ダイナミックな大型壁面飾り …… 10
- 樫の森プログラム　かんたん素敵な手工芸 …… 14
- お年寄りが遊びをつくり出す　手づくりおもちゃ …… 18
- いろいろな画材・素材で色遊び　簡単アート活動 …… 22

●一緒に読みたい玉手箱
「銀色の門出」
正岡　慧子 …… 26

●Happyマンガエッセイ
超おすすめハッピーネイルリハビリの巻！ …… 28

●アクティビティ現場セミナー
社会福祉法人沖縄コロニーありあけの里 …… 30

●おもしろ道具発見！
はめっこパズル、コミュニケーションパズルセット、スフィア、ポピラ …… 34

●アクティビティの演出家
色をプラスしてお年寄りを元気にさせたい
岩井ますみ …… 36

●なつかし伝承あそび
あやとりあそび・折り紙あそび …… 38

●海外ケアラーズエッセイ
介護を受ける高齢者も自立して生きる⁈
工藤由貴子 …… 40

●ほっと一息
アロマでハンド＆ハートケア
岩井ますみ …… 41

●寺子屋AptyCare
語り部ボランティア「わ」の会 …… 42

AptyCare知恵袋 …… 44

●高齢者福祉に役立つカット
青木智恵子の生き生きイラストワールド …… 46

楽楽生活レクリエーション
高齢者のためのレクリエーション

高橋 紀子(福祉レクリエーションワーカー)
子どもから社会人までのレクリエーション指導、障害のある高齢者のリハビリ体操や機能回復訓練、保健所でのパーキンソン病や脳血管系障害のリハビリ療法等に関わる。(有)ルナ・イ・ソル代表。

　レクリエーションは、楽しく盛り上がれば、それだけでよいのでしょうか。介護の現場では、高齢者が生き生きと生活するために役立つ「意味あるレクリエーション」が必要であると考えます。施設や家庭で簡単にできる、生活レクリエーションを提案します。

生活のレクリエーション化

　私たちが、生活の中で何気なく繰り返している、睡眠、入浴、食事などの心地よさを、お年寄りにも提供できていますか。

睡眠
　日に干した布団が気持ち良いと言われますが、あなたの施設や病院では、お年寄りの布団を干していますか。シーツ交換や消毒で済ませていませんか。「生活のレクリエーション化」の第一歩として、お日様の匂いのする布団の提供を考えましょう。
　私たちは、自らが決めた時間に起き、日中忙しく活動をおこない、夜ぐっすり眠ることを当たり前のように繰り返しています。一方、施設で決められた時間に起こされ、日中何をしたいということも少なく、ウトウトとしていることの多いお年寄りは、心地よい眠りや目覚めを体験できるでしょうか。
　例えば、布団を干している間に、簡単な身体活動のプログラムをおこない、お年寄りに適度な疲労感を与え、心地よい睡眠へ誘ってあげましょう。

食事
　介助者に食べさせてもらう食事は、おいしいでしょうか。自らの手で、自分自身のペースで、食べたいと思うのではないでしょうか。人に食べさせてもらうことがどのような感じか、なかなか考えられませんが、ひとたび、片麻痺や手指の可動域に問題が出てくると、今まで気づかなかった「自分で食べることの幸せ」を初めて感じます。いつまでも自分自身で食事ができるようにいられるために、目的を持った手指の運動や上腕を使うレクリエーションを生活の中に取り入れましょう。
　また、お年寄りの視野範囲に食器を並べたり、白いご飯を白い茶碗に盛るとお年寄りには見えにくいため、食べるものが目立つような色の食器を使う、食欲を増進する色彩のランチョンマットを使うなど、お年寄りが食事をしやすい食卓づくりを心がけましょう。

入浴
　あなたの入浴の好みは、シャワーですか、バスタブに入ることですか。熱い湯ですか、ぬるい湯ですか。お年寄り一人一人の心地よさに合わせた入浴を考えてみませんか。また、お年寄り自らが入浴できるように、バスタブをまたぐために必要な足の上げ下げを促す運動や、大腿四頭筋の強化につながるプログラムをさりげなく入れたレクリエーションを、日々の中でおこないましょう。

筋力の低下を抑える手首の体操「ブラブラ」

ねらい　自分の手で食べる食事は、介助された食事よりも、おいしく感じることでしょう。いつまでも自力で食事がとれるための、簡単にできる手の体操プログラムをおこないましょう。

方法　両手を前に出し、リラックスをして手首を左右に振ります。手首の拘縮や指先の動きの低下をさけるために、手首から先を下に向けて、指先を左右に振るように心がけてください。

配慮のポイント　まずは「両手を振りましょう」というように、簡単な言葉で伝えて、お年寄りがどのように振っているのか、確認します。手首が硬くて曲げられないのか、手首も左右に振っていないか、チェックします。

楽楽アドバイス
❶ 本人に手の振り方の違いを感じてもらうためにも、「食べるときには、手首はどのようになっていますか？」と、生活に結びつけたコメントをしてみましょう。
❷ 楽楽とできるようでしたら、箸や器を持つ力を引き出すために、両腕を伸ばした状態で、両手にお手玉などを握っていただきましょう。食卓で、手を伸ばして好きなものを取るためにも、必要な動きです。

運動後、すぐに手指が動くようになるなどの結果は出にくいのですが、筋力の低下を抑え、自分で食べることの幸せを、少しでも長く継続していただくためにも、楽しみながらおこないましょう。

Column

現場では、よく鈴を使ったレクリエーションをおこなっています。鈴の音を出すことが目的のため、手首の硬くなった高齢者でも簡単に音が出せる鈴を使用している施設があります。鈴の音を出すという結果だけを求めるのではなく、よい音が出るようになると、実生活でも手首を使うことが楽になる過程を重視する、「レクリエーションの生活化」を考えることが大切です。

そのためにみなさんが小学生の時に使用した、シンプルな鈴を用意してください。手首が硬くなり縦にしか振ることができない場合の音と、左右に振る音では、鈴の音に違いがあります。ぜひ現場でお試しください。

コミュニケーションにも役立つ運動「せーの, ヨイショ！」

ねらい　声を出しながら、両腕・手首・手指の運動をしてみましょう。廃用性症候群*)を増やさないためにも、お勧めしたい運動です。各人が、無理なく参加できるように、配慮しましょう。

方法　立位・座位・ベッドサイド、いずれの姿勢でもおこなえます。

配慮のポイント　麻痺のある方に対して、自分ができる範囲で手を動かすことの大切さを、よくお伝えしましょう。また、途中が合わなくても、「終わりよければ全てよし」ということも、伝えましょう。

二人組でおこなう時は、上肢ともに動く仲間同士の時は、必ず左右交代しておこない、利き手と利き手ではない方の反応の感覚的違いを感じてもらいましょう。また片麻痺の人も二人組で交代して、少しでも動くことに自信を持っていただけるような、お褒めの言葉かけをお願いします。

基本・その1

❶ 右手をグーにしておなかのところに置き、左手をパーにして前に出します。
❷ ワーカーの「せーの」の合図で、「ヨイショ！」と、お年寄りに声を出してもらいながら、左右を交代します。おなかの手はグー、前に出した手はパーです。

基本・その2

❶ 右手をパーにしておなかのところに置き、左手をグーにして前に出します。
❷ ワーカーの「せーの」の合図で、「ヨイショ！」と、お年寄りに声を出してもらいながら、左右を交代します。おなかの手はパー、前に出した手はグーです。

*)廃用性症候群……使わないことによってだめになっていく身体的機能の低下のこと。

バリエーションA

❶ 右手をグーにしておなかのところに置き、左手をパーにして前に出します。

❷ ワーカーの「せーの」合図で、正面で拍手をしてから、「ヨイショ！」と、お年寄りに声を出してもらいながら、左右を交代します。その反対もおこないます。

バリエーションB

2人で腕を組みます。（例えば、片麻痺の方や仲間同士で）

❶ Aさんが右手をグーにしておなかのところに置き、Bさんが左手をパーにして前に出します。

❷ ワーカーの「せーの」の合図で、2人の手を合わせて拍手をして、「ヨイショ！」と、お年寄りに声を出してもらいながら、パーとグーを交代します。

❸ その反対もおこないます。

❹ できれば、右手と左手の役割も交代しておこないます。

楽楽アドバイス

上手に手を動かすことや成功することよりも、声を出す気持ちよさや、隣の人との関わり、うまくいかないときの照れ笑いなどの、コミュニケーションを楽しみながらおこないましょう。

また、少しずつ身体を動かすうちに、気がつくと前より動いていることや、声がいつもより出ていることを、スタッフが声に出して伝えることで、お年寄りが楽な気持ちになり、続けて参加しやすくなります。

Column

「二人組を作ってください」と言うと、向かい合ってしまう方が必ずいらっしゃいます。また、「二人で腕を組んでください」と言うと、お互いに両手を差し出し、向かい合ったまま、お互いの肘をつかんでいることもあります。

その行動を指摘するのではなく、「昔は、男女七歳にして席を同じゅうせずと言いましたから、腕を組んで歩いたことなんてなかったですよね」と言い、プログラムを一休みして、レクリエーションから回想法の時間へとつなげてもよいでしょう。みなさんもぜひお試しください。いろいろな声や、思いも寄らない反応がたくさん出てきます。

おもちゃでリハビリ
おもちゃ選びのワンポイントアドバイス

おもちゃで元気に。
手足が楽しく動く・運動

松田　均（作業療法士）

岩手リハビリテーション学院作業療法学科専任教員。また、高齢者施設にて作業療法を担当。いわてリハビリテーション研究会にて「リハビリテーションにおけるおもちゃの活用」を報告。現職に就きつつ、岩手大学人文社会学部研究科大学院で認知の研究を続けている。

おもちゃを使って、普段動かしていない手足の楽しい運動をしましょう。座ったままでも、立ち上がっても結構です。姿勢を正して自ら動くことで、血液の循環を良くし、脳の活性化が期待できます。
今回は2つの例をご紹介します。

ヴィップティップ（WipTip）　ドイツ製　素材：木、ゴム

ねらい
肩から下の関節の運動を促します。自然に体を伸ばすことも期待できます。

基本的なあそび方
ゴムに通された輪を上から落として、下の小さな棒に入るかどうかという偶然性を楽しむ輪投げ遊び。カタカタとはずみながら降りてくる様子は見ていても楽しいです。輪が入るかどうか最後までわからないので、ついついじっと見続けてしまいます。

方法とポイント
輪はできるだけ上に持っていき、手を離しましょう。ひもの高さを調整すれば、座っていても、立っていても大丈夫です。ひもをたよりに手を挙げることで、ふだんおこなわれにくい触覚の誘導*）が起こり、楽に運動できると思います。
3つの輪が偶然全て棒に入ればラッキー。それぞれの色に点数を決めて競うもの楽しいでしょう。

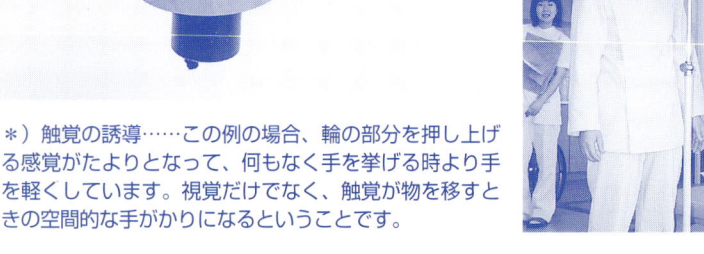

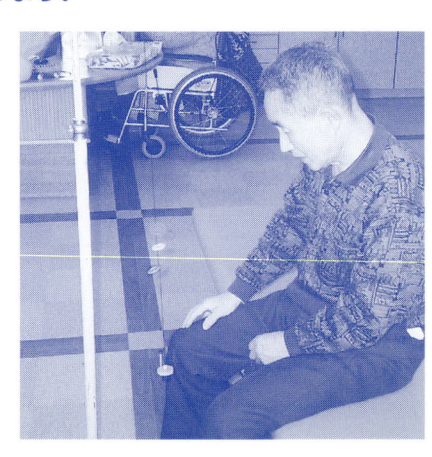

*）触覚の誘導……この例の場合、輪の部分を押し上げる感覚がたよりとなって、何もなく手を挙げる時より手を軽くしています。視覚だけでなく、触覚が物を移すときの空間的な手がかりになるということです。

キッカフリック（Kikaflik） ドイツ製　素材：木、スポンジボール

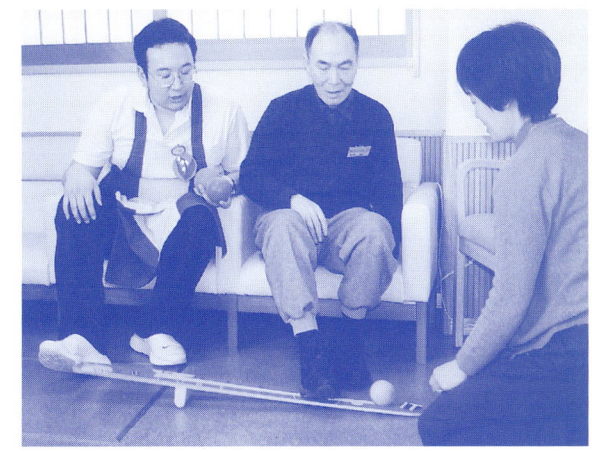

ねらい
足の筋力強化、バランスなどの巧緻性の向上。

基本的なあそび方
①足元にシーソー板を置き、長端に付属のスポンジボールを乗せ、もう一方の短端を強く踏むとボールが跳ね上がります。
②誰かにボールを板の中心から転がしてもらい、転がってきたタイミングを見はからって板を踏み、跳ね上げます。うまくいくとボールが遠くまたは高く飛んでいきます。跳ねたボールを手や網で受けたりしてもよいでしょう。イスに腰掛けたままでも遊べます。

方法とポイント
キッカフリックは自然な片足上げ動作になり、歩行を促しますので、楽な気分で気長にやることが必要です。立っておこなうと、立位訓練にはうってつけです。危なくないよう何かにつかまってもらい、転倒などには十分注意してください。

◎アドバイス◎

①障害を持っている方は、体を動かさない状態になりやすく、日常的な食事や歩行などでは目線より下の方へは注意がいきますが、体を伸ばして手を挙げることは結構難しいことです。

②運動に必要なことは、十分な筋力と関節の動き、目的に合ったタイミングや力加減、さらには動きに伴うバランスです。それから持久力としての心肺機能なども必要です。あまり夢中になると、血圧、脈拍、血糖値などの急激な変化で倒れたり、一時的なうつ状態になるなど、身体的・精神的に思わぬ変化が見られることもありますので、注意が必要です。

③もう一つ強調したいのは、感覚的に「わかって動けるか」です。運動は自分で動く「能動的な動き」でないと脳の組織も活性化しません。運動にもいろんなレベルがありますが、それぞれの個性に合わせて、自分で積極的に動けるおもちゃや遊び選びが必要です。

注意！
①元気に体を動かすときの注意点は、体調に注意することです。病気や疾患がある方はもちろん、痛みのあるときや調子の悪いときは無理をしないようにしましょう。
②運動するときには、できるだけ「リラックス」しておこないましょう。
③状態にあわせての適応は人それぞれですので、医師や作業療法士・理学療法士などに相談するようにお勧めします。

みんなで遊び歌
音楽で体力の衰えを防ぎ、寝たきり、痴呆症の予防を

赤星 多賀子
（音楽療法士）

（財）東京ミュージック・ボランティア協会理事長、心身障害児者通所訓練施設「みんなの家」代表、療育音楽家、音楽療法士。（財）東京ミュージック・ボランティア協会会長赤星建彦氏とともに、31年にわたる療育音楽活動をおこなっている。

音楽は、聞く、歌う、自然に身体を動かす、合奏するなど、様々な楽しみがあります。流行の曲や好きな曲、親が歌っていた曲などを聞くことで、曲にまつわる昔のエピソードが出てくるなど、会話につながることもあります。グループワークでは、多くのお年寄りに馴染みの曲から始めましょう。

どの施設でも、痴呆の方や寝たきりや虚弱の方が増えています。音楽を聞きながら身体を動かすことで、食事がすすんだり、ストレスの発散につながるだけでなく、身体の中のリズムが整ってきたり、リハビリ効果もあがりますから、どなたでも参加しやすい、おおらかなプログラムを考えてみましょう。

お年寄りにとって、お腹から声の出しやすいキーの高さやテンポに変更しながら、プログラムを進めましょう。ビデオテープや高齢者用音楽ソフト、自動伴奏器を使ってもよいでしょう。

「荒城の月」は日本を代表する曲の一つです。1901（明治34）年に中学唱歌として発表されました。かつて栄華を誇った春の古城を題材に、昔の情景や人の世のむなしさが歌われています。

詞を張り出すときは、お年寄りに読みやすいようにできるだけ大きな文字にします。漢字には振り仮名をつけ、必ず縦書きにするようにします。横書きにすると、お年寄りには読みにくいのです。

荒城の月
詞・土井晩翠　曲・滝 廉太郎

春　高楼（こうろう）の　花の宴（えん）
めぐる盃（さかずき）　かげさして
千代（ちよ）の松（まつ）が枝（え）　わけ出（い）でし
むかしの光（ひかり）　いまいずこ

秋　陣営（じんえい）の　霜（しも）の色（いろ）
鳴（な）きゆく雁（かり）の　数見（かずみ）せて
植（う）うる剣（つるぎ）に　照（て）りそいし
むかしの光（ひかり）　いまいずこ

場面設定

対象人数：4〜5人から何人でも楽しめます。
用意するもの：鈴、タンバリンなどの小物楽器。手作り楽器やいろいろな楽器でバリエーションを考えてみても楽しいでしょう。
場所：音が響いても影響のない場所で、隣の方とぶつからない距離を保ちましょう。

進め方

はじめに、お腹からしっかり声を出し、ゆっくりしたテンポで、歌詞のイメージを想い描きながら、歌ってみましょう。

それから、鈴、タンバリンなどの楽器を使って、自然にリズムにのりながら、楽しく合奏します。

基本動作

❶春 高楼の 花の宴

タンバリンのパート（鈴お休み）：1拍目は両手を横に開き、2拍目は胸元で叩く、3拍目は両手を横に開き、4拍目は胸元で叩く動作を4回繰り返す。

▼

❷めぐる盃 かげさして

鈴のパート（タンバリンお休み）：下で4拍、上で4拍振る動作を2回繰り返す。

▼

❸千代の松が枝 わけ出でし

タンバリンのパート（鈴お休み）：❶と同じ動作。

▼

❹むかしの光 いまいずこ

鈴のパート（タンバリンお休み）：❷と同じ動作。
（2番も同様に繰り返して、終わりのポーズ）

応用動作

❶春 高楼の 花の宴

タンバリンのパート（鈴お休み）：1拍目は両手を横に開き、2拍目は胸元で叩く、3拍目から8拍目は叩きながら徐々に両手を上にあげていく動作を2回繰り返す。

▼

❷めぐる盃 かげさして

鈴のパート（タンバリンお休み）：下で2拍、上で2拍、右で2拍、左で2拍振る動作を2回繰り返す。

▼

❸千代の松が枝 わけ出でし

タンバリンのパート（鈴お休み）：❶と同じ動作。

▼

❹むかしの光 いまいずこ

鈴のパート（タンバリンお休み）：❷と同じ動作。
（2番も同様に繰り返して、終わりのポーズ）

演奏の終わりのポーズ

歌が終わったら、お年寄りが「これで、演奏が終わりますよ」と理解できるように、終わりのポーズを決めて、全員でおこないましょう。例えば、「1拍休み、2拍目は胸元で叩く、3拍目は掌を振りながら両手をあげてシャラシャラと、楽器を鳴らしておしまい」など。

特集 自分でつくる楽しさ発見

紙ビーズで作る

ダイナミックな大型壁面飾り

ぶどうの大型壁面飾り

　1つ1つの紙ビーズは小さくても、数を集めると、大きな壁面飾りになります。お年寄りからも、立派なできばえに、驚きの声もあがります。楽しくおしゃべりをしながら、たくさんの紙ビーズができるので、自分で仕事の成果が確認できます。また、サイズや紙質を変えると雰囲気の違う作品に仕上がります。手近にある包装紙など使って、オリジナル作品をつくってみましょう。

鳳凰の
大型壁面飾り

　とても豪華な鳳凰の作品です。完成した時の達成感は、何ともいえません。お年寄りの笑顔を作品と共に写真に残し、プレゼントしてはいかがでしょうか？

　ご本人だけでなく、ご家族にとっても、素敵な記念になるでしょう。

ぶどうの大型壁面飾りに挑戦！

■製作人数と日数
40人で約1週間（1日約1時間半）

＜材料＞
台紙：段ボール（縦140cm×横95cm位、おむつの空き箱など）2枚、色画用紙（全紙サイズ）紫色2枚。
ぶどう：色画用紙（八つ切りサイズ）薄紫色と藤色各10枚、深緑色と抹茶色各6枚、厚紙、薄茶色の包装紙（A4サイズ）約30枚、モール数本、木工用ボンド、荷造り用テープ、セロハンテープ、鉛筆。

＜進め方のポイント＞
手の力が弱くなっているお年寄りには、ハサミを使わず、手でちぎる方が楽で、早く作ることができますので、人数の少ないグループには、お勧めです。
大きな作品の場合は、かなり重くなるので、ベニヤ板などで補強しましょう。

手順

1 段ボールは、折れ曲がり防止のため、2枚の紙の目が十字になるように重ねて貼り合せ、縦140cm×横95cmにカットする。

2 段ボールに、画用紙（全紙）2枚を貼り、台紙を作る。（右頁2の図を参照。）

3 薄紫と藤色の色画用紙は、まず8等分、さらに4等分に折りながら、折り目にそって手でちぎる。（八つ切り画用紙で3.5cm×9.7cm程度の短冊が32枚できる。）

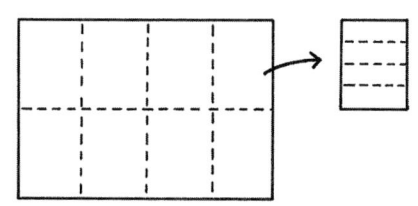

4 3を鉛筆にクルクルと巻きつけ、端を木工用ボンドで留めて、紙ビーズを作る。紙ビーズ3つを、1枚の紙でくるむと、ぶどう1粒ができる。これをたくさん作る。（ぶどうの粒の数の目安……大きなぶどう約80粒、中くらい約50粒、小さなぶどう約16粒。）

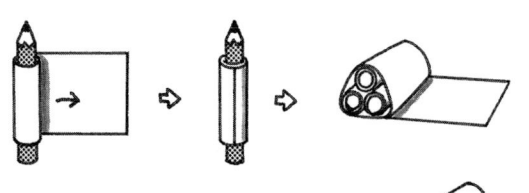

5 深緑と抹茶色の色画用紙を6等分に折ってから、手でちぎる。厚紙で葉っぱの型紙をつくり、型どおりに線を描き、線に沿って手でちぎる。

6 ちぎった葉っぱをイラストのように折り、葉脈をつける。大きな葉っぱから周りを少しちぎり、小さなサイズも作る。

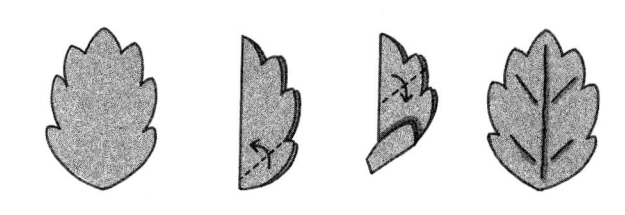

7 A4サイズに切った包装紙を4等分にし、クシャクシャと握り、さらにねじって棒状にする。

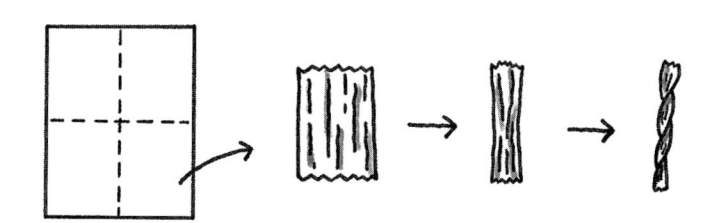

8 台紙に、大体の位置を決めるため、お年寄りに鉛筆で簡単に絵を描いていただき、ぶどうの房、葉っぱ、枝の順に、木工用ボンドで貼り付ける。最後にモールを指に巻きつけ、渦巻き状にし、葉っぱの後ろにセロハンテープで貼る。

特集：自分でつくる楽しさ発見

鳳凰の大型壁面飾りに挑戦！

■**製作人数と日数**
60人で約1ヵ月（1日約1時間半）

＜材料＞
台紙：段ボール（おむつの空き箱など）2枚、模造紙（全紙サイズ）白色2枚。
鳳凰：色画用紙（八つ切）赤色、黄色適宜、折り紙金色約30枚、竹串、木工用ボンド、ハサミ、荷造り用テープ、絵の具、鉛筆。

＜進め方のポイント＞
　お年寄りの中でも、つい一生懸命になりすぎてしまう傾向のある方には、適宜休憩を促しましょう。痴呆症状のある方は、紙ビーズを口に入れてしまわないよう、気配りを忘れないように気をつけましょう。

手順

1 段ボールは、折れ曲がり防止のため、2枚の紙の目が十字になるように重ねて貼り合せ、縦140cm×横95cmにカットする。

2 段ボールに、画用紙（全紙）2枚を貼り、台紙を作る。

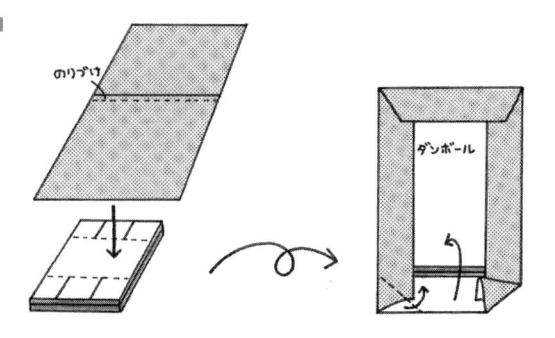

3 職員が、台紙に鳳凰の絵を鉛筆で描く。ビーズを貼る位置がわかりやすいように、赤色と黄色の絵の具で、鳳凰に薄く色を塗っておく。

4 赤色と黄色の色画用紙を、まず8等分、さらに4等分に折りながら、折り目にそって手でちぎる。（八つ切り画用紙で、2.5cm×13.5cm程度の短冊が32枚できる。）

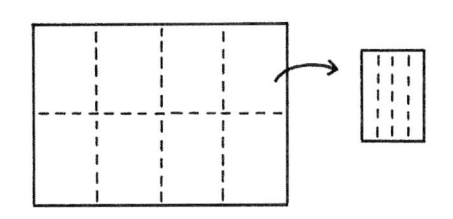

5 **4**を竹串にクルクルと巻きつけ、端を木工用ボンドで留めて、紙ビーズをたくさん作る。（鳳凰の顔部分で、八つ切り色画用紙、22枚程、紙ビーズ約700個。）

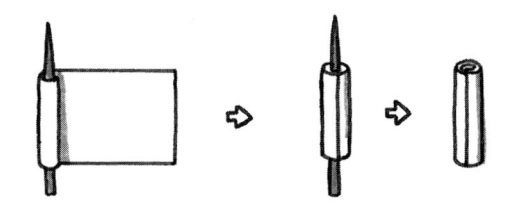

6 台紙に1つ1つ、紙ビーズを貼っていく。台紙の背景部分は、金色の折り紙を適当に手でちぎって、貼っていく。

樫の森プログラム

かんたん素敵な手工芸

新潟県三条市にある、通所リハビリテーション樫の森で実践されている「樫の森プログラム」の一部をご紹介します。樫の森プログラムは、お年寄りの脳活性化訓練として効果をあげています。

　できあがりを光に透かしてみると、満足すること間違いなし！

　簡単で、安全なステンドグラスです。大切なのは、スタッフができあがりを決めない事。お年寄りの当日の気持ちが現れたハプニングは当たり前です。最初にアイデアの説明をしたら、後はお年寄りへのサポートに徹しましょう。予想を超えた素晴らしい作品が生まれます。

ミニミニステンドグラス

エプロン姿の2人は、ボランティアです。

まずはコピー用紙で、作ってみましょう。簡単な幾何学模様や絵柄なら楽々です。ふちどりの布ガムテープは、ゆっくりはがせば、やり直しも可能です。曲がった線にも味わいがでます。

特集：自分でつくる楽しさ発見

ステンドグラス

ミニミニステンドグラスを作って、要領がわかったら、大きな作品へステップアップしましょう。

「こんな大きなものはとても……」とはじめは思っても、みんなで作れば、周りの方の刺激で手が進み、あっという間にできあがります。「時間だから止めましょう」と伝えても、夢中になって止まらない様子に驚かされます。

共同作業を通して、自然にお年寄りの中にリーダーが生まれます。

協力・(医)川瀬神経内科クリニック／通所リハビリテーション樫の森

ミニミニステンドグラスに挑戦！

> **＜材料と用具＞**
> 土台になる紙（A4コピー用紙など、できるだけ薄くて丈夫な紙）、鉛筆、消しゴム、黒い布ガムテープ、絵の道具（絵の具、水入れ、筆、とき皿、拭き取り用ぼろ布など。）
>
> ※とき皿について
> 　普通のパレットを使うと、色が混ざって、にごってしまいがちです。とき皿1枚に1色にすれば、色が鮮やかなまま、最後まで使えます。画材屋で1枚100円位です。

進め方

1 鉛筆で下絵を書く。

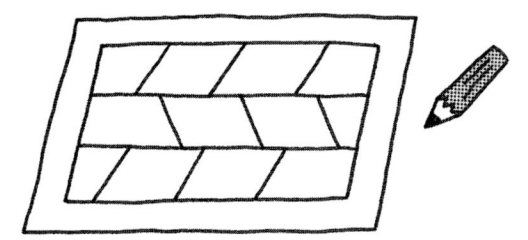

2 布ガムテープを手でちぎり、好きなところから貼る。

ちぎる動作は、指や掌の力をかなり必要としますので、途中で交代しながら進めます。

3 絵の具を塗る。

筆だけでなく、指や布、スポンジを使うと、ムラができてきれいです。

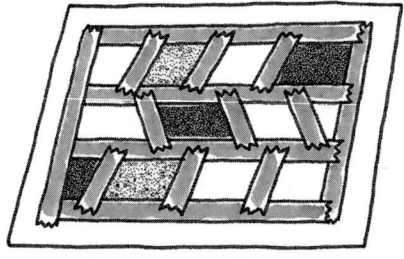

4 できあがり。

窓ガラスに貼ると、光が透けてきれい！　照明に透かしてみるのもきれいですので、ランプシェードに応用させてもよいでしょう。

> **【エピソード】**
> ● いつもおだやかな女性Sさんは、「あなたは短いからこっちね、あなたはここね」と布ガムテープに話しかけながら、貼っておられました。
>
> ● 細かいことが大嫌いの男性Nさん。渋々始められたのに、どんどん夢中になっていきました。「もうやめましょう」の声も耳に入りませんでした。
>
> ● 絵の心得がある女性Fさんは、細かい曲線は後回しにして、直線部分の大枠から貼り始めていました。要領の良さはさすがでした。
>
> ● 何でも得意な女性Nさんと、昼食の後、スタッフ2人で布ガムテープを貼り始めました。その場を通り過ぎる会員さんが、1人、また1人と加わり、いつのまにか1つのテーブルでは足りない程の大所帯になっていました。

特集:自分でつくる楽しさ発見

ステンドグラスに挑戦!

<材料と用具>
模造紙2枚、他はミニミニステンドグラスと同じ。

進め方

1 模造紙2枚を貼り合わせたものを切り抜き、土台を作る。

紙の端で手を切らないように気をつけましょう。

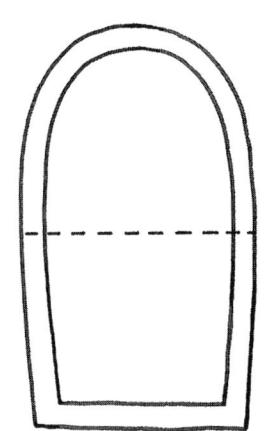

2 鉛筆で下絵を書く。

まず、外枠から10cmくらいを囲み、中の模様を考えましょう。季節に合わせた小物を用意して、紙の上に置き、上からなぞってもよいでしょう。

3 下絵に合わせ、布ガムテープを指でちぎりながら貼る。

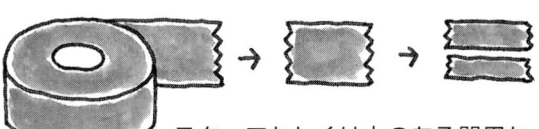

スタッフもしくは力のある器用なお年寄りが、ちぎる係になるのもよいでしょう。

4 中央部分から絵の具を塗る。

水を多めにして、色ムラを作ると、本物らしい仕上がりになります。途中で、壁や窓ガラスに飾って、眺め合うのもよいでしょう。

●●● 通所施設のプログラムを効果的に進めるために ●●●

一見、簡単そうにおこなわれている樫の森プログラムですが、決してその場しのぎの急ごしらえのプログラムではありません。経費の算出などを含む、月に1回(2時間)の入念なプログラム会議を積み重ねた上で、おこなわれています。
プログラムにメリハリをつけ、つながりをもたせるために、年間・月間・曜日別の、テーマとねらいをたてています。

① 年間テーマ(各プログラムスタッフの心意気を表し、その年に目指す目標をたてる。)
② 月間テーマ(季節感を大切にした内容を考え、プログラム間の重複や省略をさける。)
③ 曜日別テーマ(参加されるお年寄りに合わせ、その方々の個性を活かすように心がける。)
④ 経費・予算をプログラムごとに毎月計上する
⑤ 実施後は、評価をおこなう

これらの一連の実践は、スタッフの質を向上し、彼らの自信につながり、プログラムをゆったりとした包容力のあるものにしています。

お年寄りが遊びをつくり出す

手づくりおもちゃ

ヘビとハシゴ すごろくゲーム

数字カードを並べて順番に進んでいく、すごろくゲームです。ハシゴのところに止まると近道、ヘビのところに止まると遠回りになります。一番大きい数にたどりついたらあがりです。

数字カードの並べ方や、ハシゴやヘビのかけ方は、お年寄りと相談して決めていきましょう。

ヘビを見て、「子どものときから、ヘビは苦手なんだよなぁ」「最近はヘビを見ないねぇ」などといった話も飛び出します。

並べ方のバリエーション

ヘビやハシゴはお好みの場所へ

特集：自分でつくる楽しさ発見

どちらがはやいか まきっこゲーム

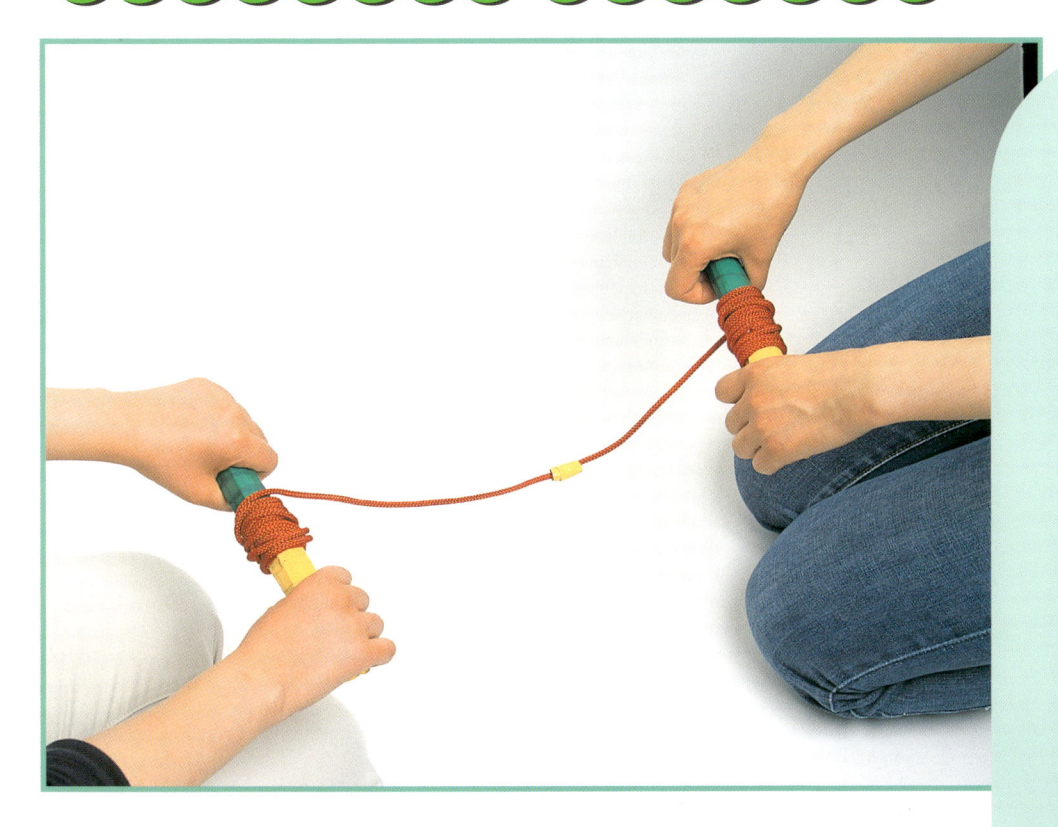

1本のひもの両端につないだ2本の棒をそれぞれが持ちます。「ヨーイ、ドン」でどちらがはやく、真ん中の目印まで、ひもを巻き取れるかを競争して遊びます。

ひもを巻き取るときの、手・指・手首の動かし方や、力の入れ方を変えることで、リハビリ効果が期待できます。掌を上に向けてつかんだり、指先でつまむようにしたりと、棒の持ち方を、さりげなくお年寄りにアドバイスしてもよいでしょう。

どちらが早いか、真剣勝負

ビニールテープを巻くときは、協力し合いましょう

協力・こもね在宅サービスセンター

ヘビとハシゴ すごろくゲームに挑戦！

<材料と用具>
牛乳パック、木工用ボンド、油性ペン、ガムテープ、はさみ。

作り方

1 牛乳パックを切って、台紙を20枚用意する（牛乳パック1本から、8枚できる）。数字を油性ペンで書く。

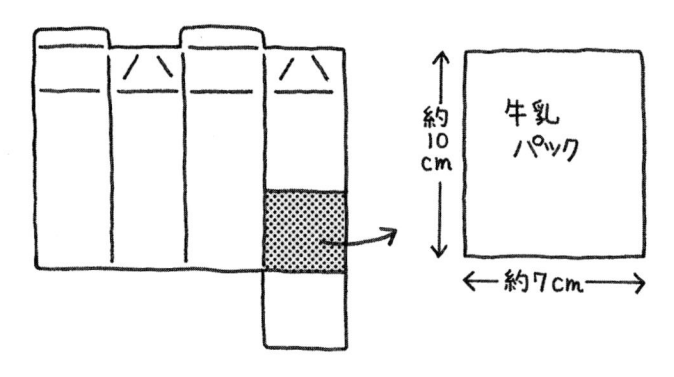

約10cm、約7cm、牛乳パック

2 牛乳パックに、油性ペンでハシゴやヘビの絵を描く。

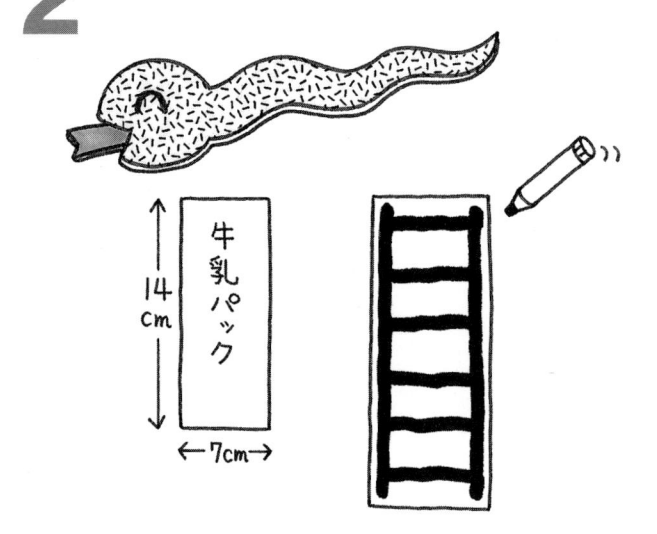

14cm、7cm、牛乳パック

3 余った牛乳パックを丸く切り、イラストや名前を書いて、自分のコマを作る。

4 牛乳パックでサイコロを作る。（市販のサイコロでも可。）

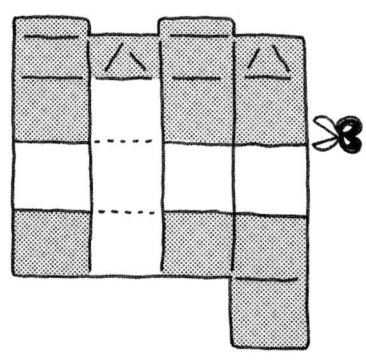

遊び方

① 数字カードを並べ、ハシゴとヘビをかける。
② みんなのコマを、1の数字カードに置き、じゃんけんでさいころ振る順番を決める。
③ 1番目の人から、順にさいころを振り、出た目の数だけ進む。
④ ヘビがかかっているところでは、大きい数から小さい数へ戻る。ハシゴがかかっているところでは、小さい数から大きい数へ飛び越す。
⑤ 一番大きい数にたどり着いたら、あがり。

進め方のポイント

　数字カードを並べるときは、カードの裏にガムテープを輪にして、動きにくいようにします。
　数字カードにフェルトや包装紙などで飾りをつけたり、ヘビやハシゴのデザインに凝ってみてもよいでしょう。
　数字カードを作る日、ヘビやハシゴ、サイコロなどを作る日、すごろくで遊ぶ日と、無理のない予定を決めて、ゆとりを持って楽しみましょう。

【エピソード】

　「サイコロは、もっと高く振らなきゃ転がらないわよ」と、お年寄り同士で声をかけあったり、ヘビのところにコマが進んだときは、「あー、残念」と大きな声があがったりしていました。ある男性は、「勝負するときは、お金をかけなきゃ、やる気がでないなぁ」といいながらも、楽しそうに参加していました。

特集：自分でつくる楽しさ発見

どちらがはやいか まきっこゲームに挑戦！

＜材料と用具＞
割りばし（使用済みのものを、きれいに洗ってから干し、再利用してもよい。）30本くらい、手芸ひも3m、ビニールテープ。

作り方

1 ひもの両端を片結びし、コブを作る。割りばし10〜15本を束にして、真ん中にひもを挟む。

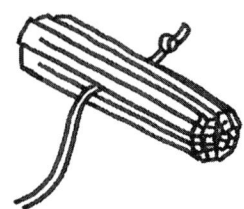

2 ひもを挟み込んだ割りばしを、ビニールテープで巻き、固定する。ひものもう片方も同様に作る。

3 ひもの中心にビニールテープで印を付ける。

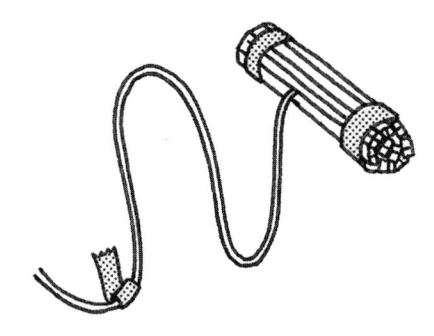

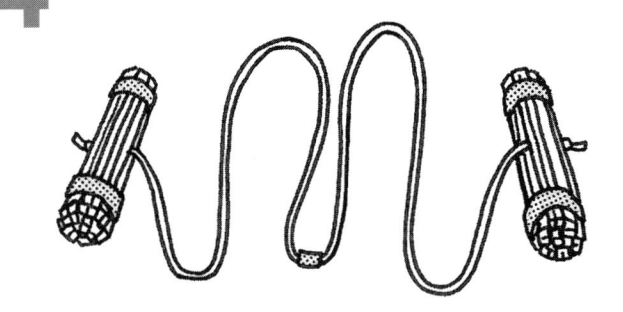

4 できあがり。

進め方のポイント

　一方の手が不自由なお年寄りとおこなうときは、2人1組のペアになって持ち、協力して巻き取るようにします。

　車椅子同士の方は、隣り合わせで座っていただき、スタッフがひもの中心を持って、巻き取りやすいようにします。

　棒を細くして指先でつまむようにしたり、棒を長くして大勢で競争したりと、遊び方のバリエーションを考えてみましょう。

【エピソード】

　「昔、糸巻きをしていたから、こっちのほうが楽なのよね」と、棒を片手で持ち、もう一方の手で巻き取る女性や、端からきれいに揃えて並べるように巻きつける几帳面な方など、巻き方はその人の個性がでます。

　単純なゲームですが、「がんばれ、がんばれ」の声援や、「あー、楽しかったわ」という声がたくさんあがります。お年寄りだけでなく、子どもがいると、さらに場が盛りあがります。

<いろいろな画材・素材で色遊び>

簡単アート活動

「絵を描くのは苦手」と遠慮する高齢者も多いですが、さまざまな素材を用意することで、気軽にアート活動が楽しめます。完成をめざすだけでなく、たくさんの素材から自分の好きな絵や色、写真を選び、自分の作品を作る喜びを体験してみましょう。

「ぬり絵」で簡単アート

「ぬり絵」や「コラージュ」など、アート活動のひとときを楽しむだけでなく、お年寄り一人一人の心に語りかけること、記憶を手繰ることなども大切にしています。ワークの集中度も個人差があり、取り組むまでの時間のかかり方も色々です。作品を作り上げるだけでなく、ゆったりとした時間を過ごすことも楽しみましょう。

特集：自分でつくる 楽しさ発見

楽しいコラージュあそび

　ぬり絵と違い、一人でも大勢でも楽しめます。手先の器用な人には切り抜きを任せてもよいでしょう。予めスプレーのりを吹き付けておくと、どの方向からでも切り抜きが貼れます。失敗しても上から重ねて貼れば隠せる、安心感もあります。「絵が下手」としり込みする人にも入りやすいでしょう。

大川　アキ（83）
♡イチゴらしく見せる方法♡
　〜を青くぬるとイチゴらしく見える」と〜〜〜〜　「お陰さまで楽しく〜〜〜〜〜〜〜イチゴが〜

村岡ハナ子（84）
♡紙風船♡
色々な色にぬり分けるのが得意な村岡さん。ふ〜っと息を吹き入れると、空高く飛んでいき、ぱ〜んと弾けたら虹になった。

村岡ハナ子（84）
♡チロリンタン♡
村岡さんはシーズ犬の風子と大の仲良し。ぬり絵をじっと見つめて30分。気品のある犬が誕生。犬小屋？カラフルお屋根でした。傍らの子犬は「こぶた」との声が大勢を占めた

三橋　定夫（68）
♡パロットグリーンのまなざし♡
黄色に青をぬり重ねて、魅惑的なまなざしを作られた。茶色い毛色にピンクの首輪と黄色（金）の鈴がオシャレなネコにグレードアップ

作品展を開いて、高齢者同士の交流を楽しみましょう

　作品がいくつか集まったら、作品展を開いてみましょう。ぬり絵をおこなっている写真や、高齢者がふと話したコメントなどを残しておくと、さらに華やかで楽しいものになります。個性あふれる作品を飾ることで、壁面が明るくなりますし、高齢者同士の会話を増やすきっかけにもなるでしょう。
　ご家族や地域の児童、生徒と合作するなど、作品を通じた交流を楽しんでみてもよいでしょう。

協力・久保みより（カラーセラピスト、Color Birds主宰）

「ぬり絵」で簡単アートに挑戦！

<進め方のポイント>
画材の色数は多めに、赤や青でも色調の違うものを用意しましょう。例えば「赤がいい」と言った場合に「どの赤がいいですか？」と何種類かの赤を見せ、選んでいただくなど、お年寄りが自ら選ぶ機会をつくりましょう。

<材料と用具>
図案の描かれた紙：おすすめの図案…食べ物、季節の行事、花、山や海など故郷を連想させる風景や懐かしい玩具。動物、人物画など。

画材：クレヨン、クレパスや色鉛筆もしくは、水性色鉛筆、水彩絵の具、マーカーなど（用意できなければ一種類でもかまいません）。

あると便利な用具：水筆（水性クレパスなどの上からなぞるだけで水彩画になる。） 見本になる絵や本、写真（見本がある方がぬり易い人もいる。） メンディングテープなど（片手が不自由な方の図案の固定用に。）

手順

1 図案を選ぶ
好きなものや思い出につながるものなど、話しながら一緒に選ぶとよいでしょう。

2 画材を選ぶ
筆圧や御本人の人柄（おおらかな方か、ち密な方か）、経験など配慮しましょう。

3 色を塗る
物の固定観念にとらわれずに自由に色を使いましょう。枠からはみ出してもOKです。ぬり残しもアートです。空間があってもよいでしょう。

【エピソード】
図案を選び、色を塗る段階で、自分なりにイメージを描いている方が多くいます。イチゴを青く塗っている方に「それはブルーベリー？」と言うと、黒ずんだ赤の色を重ねながら、「これは少し傷んでいるの。でも傷みかけたのが美味しい」と話が弾みます。思いがけない色を選んだり、図案に絵を描き加えるなど、お年寄りは創造力やユーモアに長けています。小さなつぶやきにも気を配り、お年寄りから自然に生まれる作品の発表の場を作ってあげましょう。

ぬり絵が難しい人には、画用紙に筆で水をたっぷり塗り、その上から水溶性のクレパスで描いてもらうと、自然なにじみができ、面白いです。画用紙の上に、絵の具を垂らして息を吹き掛けて散らすワークも楽しめます。できた形が何に見えるか、お年寄りに聞いてみましょう。

特集：自分でつくる 楽しさ発見

楽しいコラージュあそびに挑戦！

手順

1 モチーフを選ぶ
ぬり絵以外にも、チラシや新聞、雑誌の切り抜き、写真など集めましょう。

＜材料と用具＞
材料：台紙用の色画用紙、雑誌などの切り抜き、お年寄りの本人の写真などもあると楽しい。
用具：ハサミ、のり
あると便利な用具：スプレーのり（何度も貼ったりはがしたりできるもの。）

2 切り取る、切り抜く
ハサミだけでなく、手でちぎっても風合いがでて面白いでしょう。

3 貼る
紙以外に布や木なども用意すると楽しめます。立体的なミニチュアにしたり、ハガキサイズにしても、取り組みやすいです。

＜アドバイス＞

大切なのは「雰囲気づくり」
ワークの参加の仕方は、すぐ始める人、なかなか手を動かさない人、口だけの参加のアドバイザー、黙って見ているだけの人、何かのきっかけで始める予備軍と様々です。時間内に完成することを目標にせず、「皆さんを見守っているので、安心してここにいてくださいね。」という気持ちで、その人のペースを職員同士で確認し、気を配りましょう。

作品の完成は本人に任せて
よく「ここも塗らなきゃ」「まだ残っているよ」などの声を聞きますが、ぬり絵の良さは全部塗らなくても絵になること。一ケ所を塗るだけでも、インパクトの強い素敵な作品になる場合もあります。コラージュなど作品を飾るときは、作品を邪魔しないよう、フレームの色をグレー系やベージュ系にしたり、作品の中にある色を選ぶと自然です。色により雰囲気が変わるので、同系色、類似色、反対色など、本人に気に入った色合いを選んでもらいましょう。

作品はみんなでシェアをしよう
できた作品は、1つずつ見せあい、感想を伺いましょう。お年寄りの色使いはとてもユニーク。色に関してのストレートな表現はさけ、心をこめて、自分の言葉で感想を伝えましょう。「失敗」「はみ出した」などネガティブな感想をもつお年寄りには、「大胆でいい」「のびやか」など言葉かけで、元気づけましょう。
お年寄り同士で誉めあうことが多いですが、中にはライバル心をもつ人もいます。他の方の作品を見て、次回頑張ろうと思う方もいて、良い刺激にもなるようです。

一緒に読みたい玉手箱

銀色の門出　正岡 慧子

「お客さん、お客さん、起きてください、終点ですよ」
　上野さんは肩をたたかれて、はっと夢からさめました。目のぎょろりとした若い乗務員さんが、「やれやれ」というような顔をして、いいました。
「乗り越しですか。弱ったなあ、このへんは泊まるところもないし……」
「始発まで、駅のどこかにいさせてもらえるとありがたいが……」
「それがですね、座るところといえばホームにあるベンチだけです。外は寒いし……しょうがない。このままここにいますか」
「ご心配をかけて、もうしわけありませんな。さいわい、今日は満月、お月見をしながら、時間待ちをするとしましょう」

「もうすぐ、冬だなあ」
　上野さんは背広の衿を立てながら、電車の窓越しに、薄墨色の空を見上げました。白い月が、人影のない山奥の小さな駅を照らしています。
（そうだ、うちへ電話をしておかなければ、電話はどこだろう）
　上野さんは、急いで電車からホームに降り、改札口に行きました。ありました、ありました。灯りの消えた暗い改札口のそばに、公衆電話がありました。
　ところが、上野さんが受話器に手をのばしたとたん、リリリーン、リリリーン！　電話機が鳴りだしました。
（おやおや、公衆電話なのに、かけまちがいかな）
　上野さんは、受話器を取りました。
「もしもし」
「あっ、ヒゲタ君、やっぱり外にいたのか。よかった！ 山猫協会のトラシマだけれど、事務所に電話しても出ないから、君がホームを掃除してから帰るって、この間いったのを思い出してね。急ぐから用件だけをいうよ。先生が急に山に帰ることになったんだ。君に会いたいといっていたから、そこへまわると思う。もうちょっと待っててくれないか。先生によろしくな」
　電話の声は一方的にそういうと、プツンと切れてしまいました。
（さっきの車掌さんにかかってきた電話らしいが、さて、どうしたものか……）
　電話の様子では誰かがここにくるようです。
（しかたがない、きたら事情を説明しよう）
　上野さんは、電話機にカードをさしこみました。そのとたん、車の止まる音がして、入り口から数人の人たちが入ってきたではありませんか。
　上野さんはとっさに、電話機のかげに身をかがめました。改札口を通りぬけたのは、小さな子どもを入れて五人でした。
「お父さん、もうヒゲタ君は帰ったあとみたいですよ」
「いいんだ、いいんだ、もしいれば会いたいと思っただけだから。さあ、みんな、もう帰ってくれ。誰かに見つかっても困るしな」
「いろいろありがとう。みんな、元気でね」
　こちらに顔をむけてるのは、上野さんと同じ歳くらいの老紳士と婦人でした。
「父さん、やっぱり来年の春になってからのほうがよかったんじゃあ……」
「そうですわ、これから寒くなるという時に、山の生活にもどるのは……」
「おじいちゃん、家に帰ろうよ」
　どうやら、そこにいるのは家族のようです。

〈プロフィール〉
広島県生まれ。児童文学作家、日本児童文芸家協会理事、日本中医食養学会顧問。1994年より、神奈川県横浜市のさくら苑にて語り部活動をすすめている。著書は児童書「かばんの中のかば」、絵本「ぼくのしごとはゆうびんやさん」「おばあさんのかげぼうし」他。

「いや、みんなの気持ちはありがたいが、二人で相談して決めたことだからね。何しろ今日はわしたちの結婚記念日だ。その同じ日に新しい門出をするのは、すばらしいことじゃないかね」
「わかりました、父さん、母さん。ぼくらも時々山に行きますから。くれぐれもからだに気をつけて」
　暗闇に、五人の目がキラリと光りました。

　二人の影だけが、暗いホームに残りました。
「あなた、ヒゲタ君に会えなくて残念でしたわね」
「フフフ……あいつは勉強こそできなかったが、教え子の中ではとびきりの元気者だ。あいつなら、人間社会で充分やっていける。いつか、森へ訪ねてきてくれるだろう」
「それにしても、懐かしいですわね、私たちの住んでいたのは、ちょうどこのあたりでしたわ」
「しかたないさ、森はどんどんなくなっていくんだ。わしたちも、人間の姿で生きるようになってからずいぶんたった。しかし、もうそんなには長く生きられんだろう。せめて、最後は本当の自分にもどり、森で自分らしく暮らしたい」
「ええ、ええ、そうですとも」
「さて、行くとしようか。おまえはここから歩きたいといったが、大丈夫かな」
　二人は手をとりあい、月明かりの線路づたいに、ゆっくりと歩き去っていきました。

　上野さんは、はっと我にかえりました。
　あまりの不思議さに、まるで夢を見ているような気がして、とうとう身動きすらできませんでした。耳の底に、老紳士の言葉が繰り返し繰り返しひびいてきました。
（本当の自分……自分らしく暮らしたい…）
　上野さんの胸の中でもつれていた糸が、するすると解けていくような気がしました。
（ああ、声をかければよかった。わたしも今日は定年退職をしたばかり、お互いの門出を祝いあえたのに）
　上野さんはゆっくりと立ち上がり、受話器をとりました。プッ、プッ、プッ、プッ……。
「はい、上野です」
「ああ、わたしだよ」
「まあ、どうしたんです？　こんな時間まで」
　おくさんの待ちわびていたような声が、上野さんの耳にとびこんできました。
　手をつなぎ去っていった老夫婦の姿を思い出しながら、上野さんは、
「乗り越してしまったんだ。でも心配はいらないよ。明日からはもう、会社へ行かなくてもいいんだからね。始発で帰るよ」
と、静かにいいました。
（さてと、明朝ヒゲタさんに会ったら、どういうふうに話したものかな）
　上野さんは、ゆっくりと電車にもどっていきました。

Happyマンガエッセイ

作・絵：山口裕美子

○超おすすめ、ハッピーネイルリハビリの巻!!

コマ1： 特養ホーム○△苑では、ボランティアさんによるおしゃれの時間が充実しています。
- 100円ショップマニキュア
- 今日はこのマニキュアを使って、指先のおしゃれ体験としてみませんか〜!?
- ←ボランティアさん

コマ2： ある日、片マヒで左手が不自由なAさんが、マニキュアの時間に参加しました。
- 若いころはおしゃれだったけど…。
- 今は髪の毛をとかしてもらうくらいなのにマニキュアなんてどうかしら…？
- Aさん→

コマ3：
- でもこんなしわしわの手じゃあ恥ずかしいわ…。
- あら、キレイね。
- 色ありますよ！ピンク系にオレンジ系に…。どういう色が好きですか？

コマ4： うすいピンク系はかわいいし、一番人気の色なんですよ。桜見みたいなツメになりますよ。オレンジ系はイキイキしたイメージですね。
- PINK
- ↑ほめ上手…
- そして濃い赤は色白に見えるんです。大人っぽくてステキだし♡パール系やラメ入りも楽しいですね。透明なタイプだとあまり目立ちすぎないでおしゃれできていいんです。気に入る色をみつけましょう。
- CLEAR

コマ5： Aさんの気に入ったマニキュアをぬったところ、とてもステキ。
- 手の色が明るくみえますね！！
- あら〜ほんと!!

コマ6： 不自由な左手もAさんのアイディアで……
- ねぇ♪
- 左手はひらかないけどタオルをにぎらせればどうにかぬれるんじゃないかしら？
- それいい！やってみましょう♡
- Aさんナイスアイディア!!

コマ7： 簡単にぬることが出来ました!!
- うれしいわぁ…。
- とてもぬりやすいです〜。大成功

その日は男性が声をかけてくれたり、近づいて見に来てくれたり、他の方もうらやましがったりとマニキュアは大好評。

「ぬってもらったんですよ」「これはきれいですなぁ」「ほーっ」

もちろん、Aさんもとってもよろこんでくれました。

1ヶ月後のマニキュアの日。Aさんは1番のり！

「待ってたのよ」「今日もよろしくね」「うれしいっ」

右手をぬり終え、左手にとりかかろうとしたその時…。Aさんに奇蹟が…！！

「今日もステキな色ねぇ」「ハイ、右手おわりで～す。」

なんと、片マヒの左手が自力でひらいたのです…！！

「Aさん、左手…！」

Aさんは1ヶ月のあいだ きれいにぬったツメを毎日々々見ていたそうです。なるべくよく見るために 左手もがんばって開く努力をなさったとか。

「うっとり…」

知らず知らずのうちに 左手のリハビリがおこなわれていたのですね。なんて うれしいことでしょう！！

100円ショップのマニキュアも充分ステキ♡ マニキュア1本でボランティアを あなたもしてみませんか？

誰にでも簡単にできるボランティアです。

- 水で洗いおとすタイプ、はがせるタイプ、香りつきなど 子供用マニキュアは手軽で楽しいものが沢山。おもちゃ屋さん 文房具屋さんにあります。
- 手が開きにくいばあいはタオルやボールをにぎってもらうとぬりやすいようです。
- 見本に自分のツメをぬっていくと更に良いでしょう。

協力・岩井ますみ

アクティビティ現場セミナー

人と人の触れ合いと、沖縄伝承文化がお年寄りを元気にする

社会福祉法人沖縄コロニー　特別養護老人ホーム「ありあけの里」

　「ありあけの里」は本土復帰後の沖縄で、9番目にできた先駆的な施設。「サクラ材の床に代表されるぬくもりのある居住空間と、職員の対応の濃さが施設の特徴です」と施設長の宮園さんが胸をはって話されるように、施設を高齢者にとっての家庭であるように、職員が関わりの濃い介護を行うことと、地域との交流の機会を多く持てるように気を配り、ここに集う「人」すべてを大切にしている。

ありあけの里 3つの特徴

特徴1
入居者：介護職員＝2：1

　ホームでは介護度によって居住の階を分けている。さらに、同階の中でも部屋を色分けし、担当職員をグループ化して配置する「チームケア」を取り入れている。一般的な施設では、入居者3に対し介護職員1の割合であるのに比べ、ありあけの里では、入居者2に対し介護職員1という、より高い割合で配置している。

　経費面を考えると正職員を増やすことはできないので、非常勤やスポットパートを入れて対応している。

特徴2
沖縄の伝統文化を大切にする

　サンシン（沖縄三味線）、歌、踊り（特に、カチャーシー）など、沖縄ならではの芸能文化は、お年寄りに大変人気がある。子どもの頃から好き嫌いに関係なく音楽と踊りが生活の中にあり、心身に染み付いている。日常的に職員がサンシンを弾くことも多く、行事も欠かせない。

　最近では、アクティビティの充実のために、サンシンが弾けるなどの特技のある職員を採用するように心がけている。太鼓を叩くことで、手が上がるようになったり、サンシンが鳴ると、車椅子の方も痴呆の方も自然に手がリズミカルに動き出したりする。

特徴3
地域・子ども・家族とともに歩む

　近隣の自治会と共催の「ありあけの里地域まつり」、地域の老人クラブと勝敗を競う「所長杯ゲートボール大会」のほか、「菊まつり」や「地域交流パーティー」などは皆が楽しみにしている恒例行事である。

　小学校との交流も盛んである。以前は、学年単位で慰問という形で訪れることが多かったが、最近ではクラス単位の訪問が主流になっている。内容もバラエティに富んできており、そのため、担任の先生方と話し合う機会が増えている。

アクティビティサービスにみられる9つのポイント

ポイント1 デイサービスの送迎時に家族と「ミーティング」をする

本来ならば、送迎をスムーズに終えることが仕事の流れとしては大切であるが、ありあけの里では、ゆっくり家族と話をする「ミーティング」を実践している。このミーティングは、単なる介護情報の交換の場ではない。家族にとっては、誰かに家での介護の様子を話すことで、ストレスの発散になり、次の介護への意欲を高める介護者ケアの効果が大きい。

また、「連絡ノート」を作り、痴呆の方の家族と、薬・睡眠・食事・排泄について記録し合っている。初めは、施設側で高齢者の様子を把握したいという目的であったが、最近では、個々の家族に「こんな行動があったが、このように対応したら落ち着いたとか」といった介護のポイントを伝える役割も持たせている。

ポイント2 職員は「役者であれ」

痴呆の方は、時々に応じて、これまでの人生のある時期や、ある場面に戻って、生きていることがある。部長さんであったり、先生であったりする高齢者が発する言葉に対応して、その相手役を演じる「役者」になれるよう職員全体で心がけている。

ポイント3 「長寿の祝いは盛大に」

「トーカチ（88歳）」、「カジマヤー（97歳）」は、旧暦8月8日頃におこなわれる、沖縄伝統の長寿の祝いである。家族や親類縁者はもちろんのこと、施設のある地域の住民も交えて、お祝いをする。

特に、「カジマヤー」は盛大に祝うもので、特別の衣装を身にまとったお年寄りが、オープンカーに乗って地域をパレードする。数ヵ所に設けられた集合拠点に地域の方が待機し、三味線や踊りでお年寄りを祝い、お年寄りからは風車（カジマヤー）やお菓子をいただいて長寿にあやかる。施設に戻っての宴では家族や親戚も多数集まる大宴会が催される。「こんなに集まっていただけると、長生きして良かった」と喜ばれる方が多い。

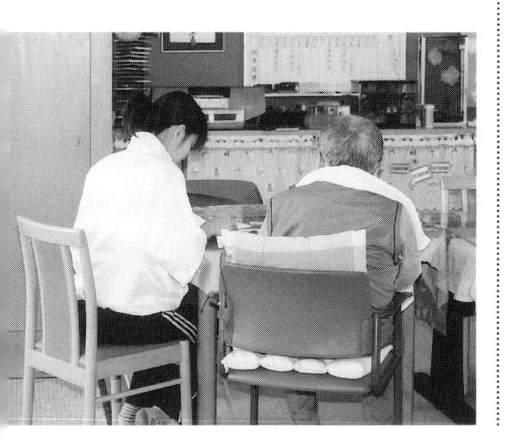

お祝いの会場

ポイント4 生活に関連したアクティビティの提案

女性に人気のあるアクティビティは、もやしのひげとりなどの野菜の下ごしらえや、おしぼりたたみなどの生活につながる簡単な作業で、「手伝ってくださいよ」と誘うと楽しそうにしてくださる。

男性には、ひげそりをすすめている。自分でおこなうことが大切で、電気かみそり等でそっているのを職員が見守る。もちろん、そって差し上げることもある。

外出する必要のない生活では、身なりに気を使わなくなりがちである。生活全般にもやる気がなくなったり、表情に張りがなくなったりするので、定期的におこなっている。また、外出時の必需品である笠や籠作り、パソコン

パソコンで孫に手紙を書くのが城間さんのお気に入りのアクティビティ

で孫に手紙を書きたい、アメリカの孫とインターネットをしたいといった個人の希望にもできるだけ対応している。

ポイント5 食はコミュニケーション

日々の食事は、できる限り職員も一緒に食べることにしている。食べる意欲が出て、流動食から形あるものが食べられるようになった、マナーがよくなった、おかわりをするようになった、残飯が減ったなど、よい変化が多数みられる。

ポイント6 アート活動も身近な生活から

以前、絵画教室をおこなったこともあるが、自由に絵を描くのは難しい。そこで、知り合いの画家にお願いして下絵を描いてもらった「ぬり絵」をクレヨンでぬるようにした。お年寄りたちに大変好評で、楽しまれている。題材もピーマンなどの野菜や、生活に結びつくものがよいようだ。お年寄りたちが使ったことのある画材といえば、クレヨンぐらいなので、絵の具などはしり込みされる。

夢は、施設の玄関フロアーを高齢者の芸術作品でいっぱいにして、美術館にすることである。

ポイント7 お年寄りと家族とのかけはしになれ

例えば、「いい年して何やってんの」というようにからかわれたりすると傷つくので、お年寄りの恋は、職員の間では冷やかしたりしないように気をつけている。恋をしていると、身だしなみを整えたり、生き生きとした表情になるので止めさせたくない。しかし、家族にはなかなか理解してもらえないことが多いので、職員から家族に心配することは何もないことや、お年寄りの良い変化についてお話しするようにしている。

お年寄りは家族の方が面会に来ると、とても喜ばれるが、家族にとっては大変なことなので、職員からも家族への感謝の気持ちとして、玄関で「ありがとう」と声をかけている。

ポイント8 時には、先手必勝!?

ある時、トイレに頻繁に行かないと気がすまない方が利用を希望してきた。職員も対応しきれないのではと懸念したが、まずは3ヵ月で受け入れることにした。職員の方から10分ごとに「トイレへ行きましょうか？」と声をかけることや、トイレに近い席に座ってもらうように配慮したら、いつでもトイレに行ける安心感が生まれ、逆に「難儀だから（トイレに行かなくて）いいよ」との声が出てきた。

ポイント9 茶髪少年とおばあちゃんの世代間交流

ある日、寝たきりの痴呆のおばあさんが、目を閉じて動かずにいるベッドのそばで、少年はおばあちゃんが眠っていると思って、あいさつもせずに掃除をしていた。すると、おばあさんの手がヌッと伸びて、少年の頭を撫でた。後から、職員がおばあさんに聞いたところ、「一生懸命やってたね」「孫が掃除しにきてくれたと思った」と言われた。職員が少年を見かけで判断せずに温かく見守り、その行動を誉めていたのも良かったのだろう。少年は「誉められるから、また来たい」と1年位、通っていた。

アクティビティ 12ヶ月

1月
お正月恒例の地域交流パーティー。まきっこゲームをハーリー船にアレンジして。

2月
学校の先生と活動内容をしっかり打合せているので、お年寄りとの触れ合いもスムーズに促される。

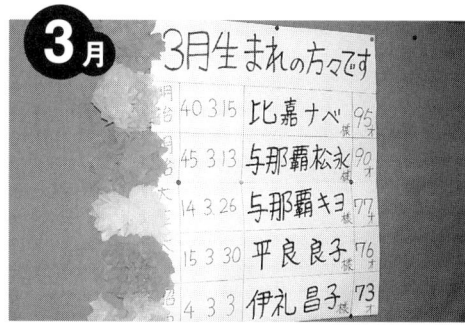

3月
お誕生会にはなるべくご家族の方にも来ていただく。「お花が届くから一緒に受け取ってね」などと声をかける。

4月
ファッションショー。化粧をしておしゃれな衣装を身にまとうと、皆がおすまし顔。正装した職員のエスコートにちょっと照れ笑いも。

5月
暖かい日には外で体操をする。職員のアロハシャツは2年前から制服となったもの。サラッとした布の感触が介護される側にも人気が高いので1年中着ることにした。

6月
スチュワーデスさんからスズランをいただいて皆が大喜び！ サンシンが登場して歌い踊る。

7月
食卓には、季節感とおしゃべりをのせる。職員もお年寄りと食卓を囲み、会話を盛り上げる。

8月
デイサービスでは毎日、特養でも週1回、お料理作りをする。ポーポー（ワッフル）、てんぷら、ひらやき（お焼き）、ゴーヤジュース、ソーミンチャンプルーなどのおやつを作る。

9月
カジマヤーのオープンカーパレード。地域の方が沿道に集まって祝う。

10月
長寿の喜びをサンシンに合わせて、手拍子、手踊りで表現。祝賀会では、家族や親戚の方が30人以上集まることも多い。

11月
ありあけの里地域まつりでもカチャーシーの輪。

12月
みなさんで集まってサンシンの練習。

おもしろ道具発見！

高齢者施設や家庭で手軽に使える遊び道具があると、毎日の楽しみも倍増します。お年寄り同士だけでなく、ボランティアや子どもたちとのコミュニケーションを促す、「おもしろ道具」をご紹介します。

白木と茶色のツートンカラーが美しい
はめっこパズル

白木と茶色のツートンカラーの組み合わせパズル。はめ合わせを楽しむだけでなく、ゆりかごのように揺らしたり、高く積み上げる競争や、山型に積み上げたパズルを崩さず取るゲームなど、お年寄りとハラハラ、ドキドキできるバランス遊びをおこなってみても楽しいでしょう。2個で1組の対称形で、18種類の組み合わせは一つ一つ違う形です。最初はパズルを少量にして、慣れてきたら数を増やしましょう。頭と手を使うので、リハビリに最適です。

価格／4750円
メーカー／ゆーといぴあ
サイズ／φ60mm×20mm（1個）
素材／木製

すてきな絵柄から、思い出話がはずみます
コミュニケーションパズルセット

美しい着物の女性やかわいらしい動物、日本の四季など、日本の伝統美術の絵柄や色使いを楽しみながら、絵柄にまつわる思い出話に花を咲かせましょう。10ピース2柄、20ピース2柄の4柄が1セットになった、コミュニケーションを豊かにするピクチャーパズルです。一人で取り組むだけでなく、数名で協力しながら完成させてみても、会話が増え、盛り上がります。

価格／各2940円
メーカー／（株）エポック社
サイズ／257×367×3mm
素材／紙・表面ニス仕上げ

自然に手を動かしたくなる
スフィア

カラフルな色合いや、広げた時の大きさに、「わぁー」「きれいね」と声が上がります。ちょっと時間があるときに手を伸ばしたくなる、子どもから高齢者まで楽しめるおもちゃです。付属のひもで吊り、片手で引いてみたり、手で持って広げたり閉じたりするだけでも、自然に楽しく腕や手の運動ができます。伸縮性があり、動きに意外性があるので、レクリエーションやゲーム、体操などに利用しても面白いでしょう。

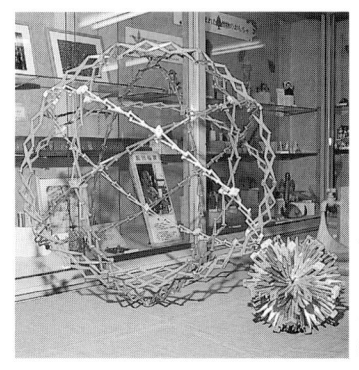

価格／3980円
メーカー／(株)ツクダオリジナル
サイズ／約25～80cm
素材／プラスチック製

リズム遊びと手指の運動が同時に楽しめる
ポピラ

テレビに接続して遊びます。「赤蜻蛉」や「北国の春」、「木曽節」などの懐かしい名曲に合わせて、画面の中を落ちてくるボールを、本体のボタンを押して弾き返してゆく、シンプルなルールの音楽ゲームです。さりげなく手指の運動が促せるだけでなく、リズミカルに叩くことで脳の活性化につながります。お年寄りとテレビゲームはなかなか結びつきませんが、周りからは手拍子や歌が自然に出て、楽しく盛り上がること間違いなしです。

価格／10290円(「懐かしの名曲集」カードリッジ、手引書付)
メーカー／(株)タカラ
サイズ／280×45×170mm

▶▶▶ 掲載商品のお問い合わせはGrafrg(グラファージ) 0120-88-3987 http://www.grafrg.com

アクティビティの演出家

色をプラスして お年寄りを元気にさせたい

カラーコーディネーター　**岩井 ますみ**

千葉県市川市生まれ。駒澤大学経済学部卒。色と香りの生活提案イリデセンス主宰。文部科学省認定色彩能力検定一級カラーコーディネーター。AAJ認定アロマテラピーインストラクター。著書に『お年寄りの楽楽おしゃれ術』黎明書房がある。

カラーコーディネートで装いを彩る
カラーコーディネーター　岩井ますみ氏

高齢者のアクティビティ支援セミナー

デイサービスセンターなどの高齢者施設で、スカーフなどの色をプラスするおしゃれや、ネイルや口紅などの簡単メイク活動を行ってきました。お年寄り自身の目に入るところにきれいな色を使うと、明るい気持になり、会話のきっかけにもなることを高齢者自身にも、職員にも知っていただいてきました。

現在では、生涯学習センターや65歳以上の元気なお年寄りたちが集まる高齢者大学、寿大学を中心に直接講義をしたり、女性センター、保健センターで「楽楽おしゃれ」「更年期を幸年期に変える」セミナーを開催、朝日カルチャーセンター等ではカラーセミナーの講師を務めています。

皆おそろいのジャージでいいの？●●●

初めて高齢者施設へ伺った時、グレー系やベージュ系などの地味な色や小花模様の洋服を着ているお年寄りが目に飛び込んできました。それから、施設の内装も幼稚園の壁面飾りのようなものが多く、大人が過ごす空間なのにと、不思議に感じました。別の施設では、ジャージが制服代わりで、お年寄りがみんな同じものを着ている姿に驚かされました。

自分がお年寄りになった時に、グレーや地味な模様の洋服や、おそろいのジャージを着るのかなと思うと、抵抗を覚えました。いつでもどこでも自分の家にいるような、自分が自分らしく心地よく暮らせるおしゃれな空間を作りたい。将来、自分が歳を重ねたときも、おしゃれを忘れずにいたいと思ったのが、お年寄りと関わり始めたきっかけです。

スカーフで健康とおしゃれ●●●

スカーフを活用すると、お年寄りがお持ちの洋服をそのまま活かした、色のおしゃれを気軽に楽しむことができます。顔の近くにきれいな色を置くことで、顔色もきれい見え、華やかな印象になります。お年寄りは、体の不自由さから着脱の際に首周りがのびた服が多くなりがちです。ですから首周りをカバーできるスカーフはお役立ちアイテム。首周りを温めることは、風邪などの予防にもなります。それから食べこぼしの染み隠しにもスカーフは大活躍です。直接染みが隠れない場合も、はっきりした色を持ってくることで、スカーフへ目を向ける効果があります。

スカーフだけでなく、取り替えるのも容易で手に入れやす

スカーフでダンディな装いに、思わず背筋も伸びます

いバンダナや手ぬぐいなど、いろいろな色や素材を用意されるのもお勧めです。

口紅で笑顔が生まれる ●●●

　高齢者施設へ行った時は、お年寄りにモデルをお願いしています。地味な色の洋服に、対照的な色のスカーフを巻いたり、ネイルや口紅、時には眉ずみやほほ紅をさしたりします。鏡を見た瞬間、ぱっと花が咲いたような表情に変わる姿は、何度見ても感動します。日頃、目線が下に向きがちのお年寄りが、人前で名前を呼ばれたり、周りに見られる心地よい緊張感で、少しずつ上向きの目線に変わっていきます。ついモデル立ちになるなどの変化のある方もいらっしゃいます。「まぁきれいね」「素敵だわ」「うらやましいわぁ」と周りからのお誉めの言葉で、さらに表情が明るくなります。他者暗示の大切さというのでしょうか、周りから褒められる、見られる心地よさをお年寄りから学んでいます。

色でお年寄りが変わった?! ●●●

　ある施設の痴呆の女性Aさん。自分から近寄ってきて他の人のマニキュアをじっと見ていたので、ご本人にもマニキュアを塗ってさしあげたら、いつまでも嬉しそうに手をながめて喜んでいらっしゃいました。次に施設に伺った時、玄関で待っていたAさんが、無言で両手を私に向かって差し出しました。少し前のことも忘れてしまう痴呆の方が、玄関で私のことを待っていてくださったのです。他のことはさておき、すぐに塗ってさしあげました。このことは今でも忘れられません。

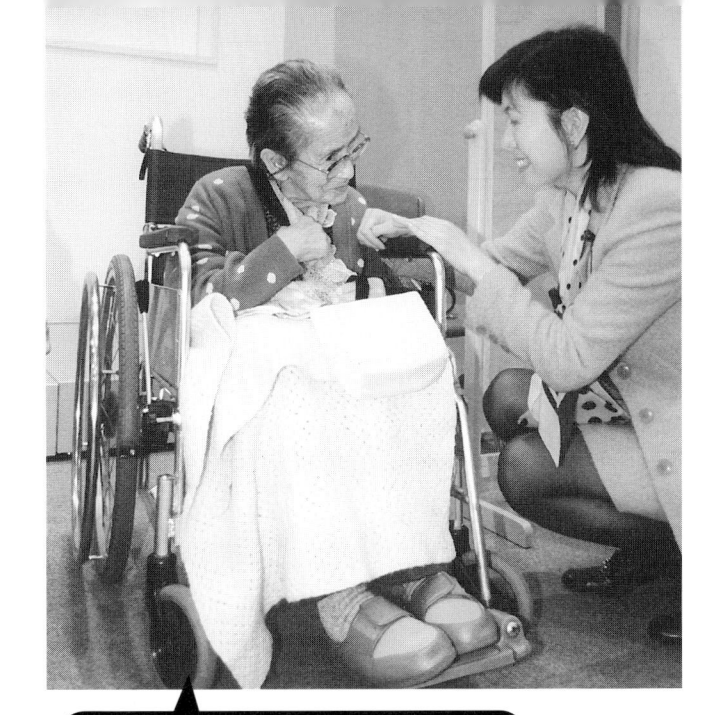

> まずはお年寄りの色の好みを伺います

　ある時には、一言もしゃべらずに、一人一人の参加者に似合う色のカラーコーディネート用の布を選んで、乗せていく痴呆の男性がいました。肩に布を乗せる姿が、実にさまになっていたので、周りのスタッフに昔のご職業を伺ったら、反物屋さんだったとのこと。そのような発見ができるのも、この活動をしている楽しみでもあります。

ネイルボランティアを育てましょう ●●●

　これからは、元気なお年寄りを巻き込んで、気楽に出入りできるボランティアが育てばよいなと考えています。例えば、お年寄りたちにマニキュアを塗ってさしあげるネイルボランティアは、道具もマニキュア、除光液と簡単にそろえられますし、塗ることもコツさえつかめば難しくありません。100円ショップで売っているネイルや、水で落ちるネイルもあります。外出嫌いなお年寄りに、日光を当てると色が変わるネイルで外出を促すこともできるのではないでしょうか。目の前のお年寄りに喜んでもらえる、手軽で無理のないボランティアではないかと思っています。

　お年寄りになったとき、自分はどうしたいのだろう。自分にとって簡単で長く続けられること、身近で好きなものはなんだろう。自分にとって理解しやすいことやできることについて、整理をしてみましょう。きっとお年寄りに喜んでもらえる、自分にできる何かが見えてくると思います。

> 色彩について学ぶ、カラーコーディネート講座

ちょっとした時間にお年寄りと楽しめる なつかし伝承あそび

あやとりあそび

お風呂に入るまでの待ち時間や食事の前など、少しの時間で楽しめる伝承あそびです。指でひもをすくう、ひもをひねるなど、日頃行わない細かな手指の運動効果も期待できます。1本のひもから作られる形の楽しさを、お年寄りに思い出してもらいましょう。

最初はゆっくりとあせらずに、慣れてきたら早くできるように、練習してみましょう。

パッチンほうき

「パチン」と手を叩くとほうきが現れます。手を叩く動作をしっかりおこないましょう。違うほうきのやり方もありますので、違いを皆さんと話すのも面白いでしょう。

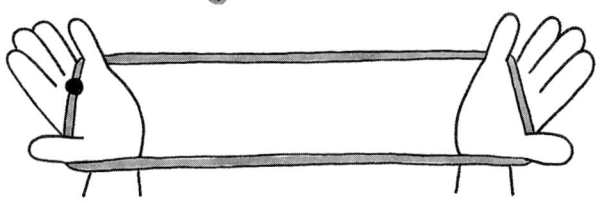

1 両手の親指と小指にひもをかけ、左手の●部分を右手の中指ですくいとる

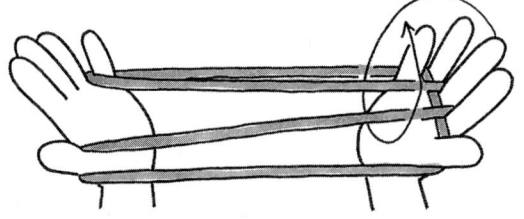

2 右手の中指を一回ひねる

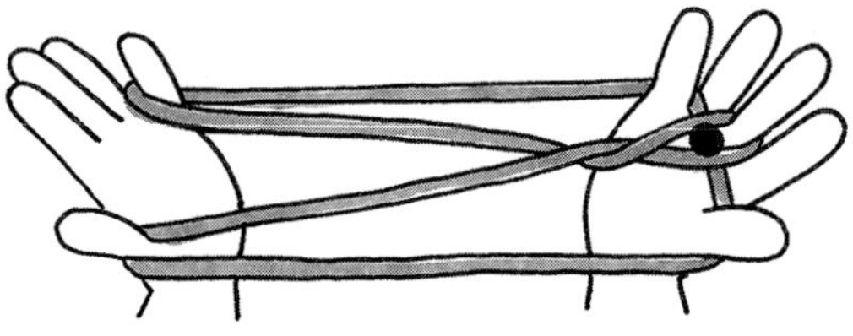

3 ●部分を左手の中指ですくいとる

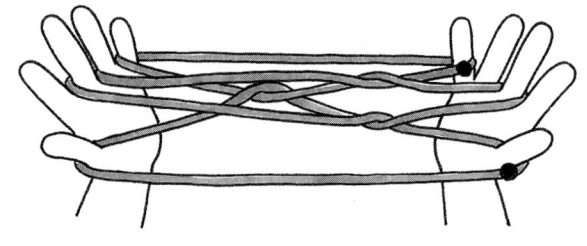

4 両手をパッチンと打ち、同時に右手の親指と小指のひも●をさっとはずす

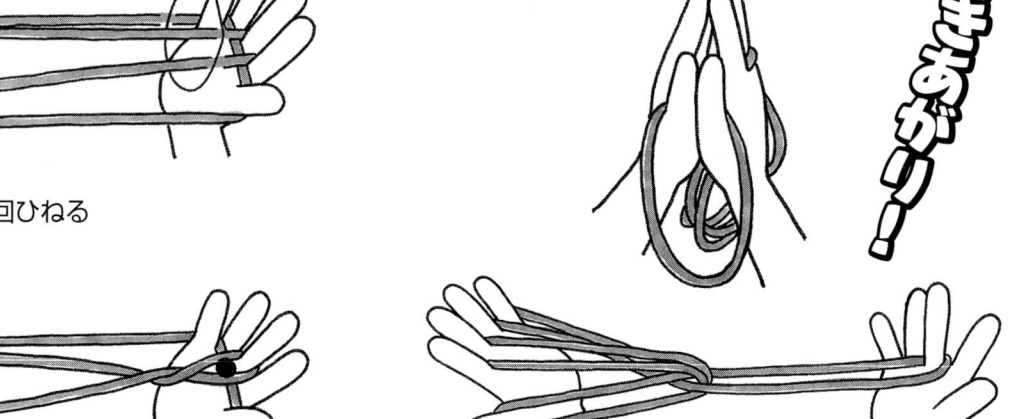

5 手のひらから、パッチンほうきができあがり

できあがり〜

折り紙あそび

作品を作りあげる達成感や、作品を残す喜びは、いくつになっても変わらないものです。お年寄り一人一人のオリジナリティを、色や柄で表現してみても良いでしょう。

出来上がりの形を想像しながら進めていく作業は、手指だけでなく頭のトレーニングにもなります。ゆったりとした気分で、折り紙あそびを楽しみましょう。

コマ

油性ペンで線を書き入れると、回した時に現れる意外な柄や色合いに驚きの声があがります。コマ回しを楽しみながら、さりげなく指先の運動も促しましょう。15cm角の折り紙を2枚、つまようじを1本用意します。

1 四等分になるように折る

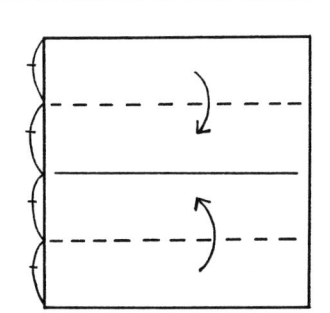

2 必ず左あがりになるように折り目をつける

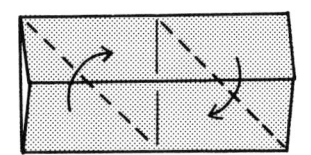

3 開く

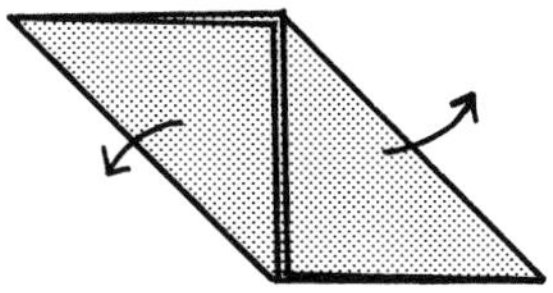

4 白い三角を内側に折り返す

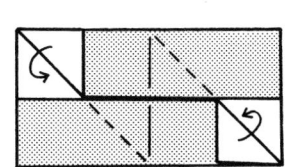

5 折り目に従って角を三角の中に入れる

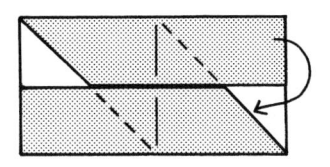

6 もう一方も同様に折る

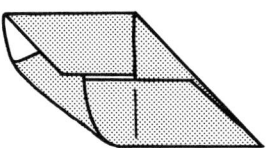

7 二枚目も同じ型に折る（色を変えるときれい）

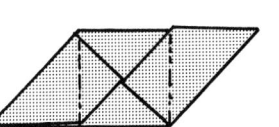

8 二枚を十字に重ね、三角部分を折りこむ

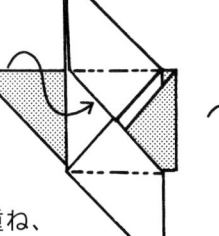

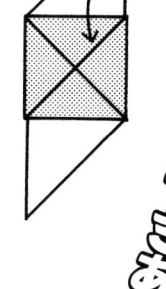

9 中心につまようじをさして、できあがり

よく回るポイント

- つまようじの折り紙の上下の長さを、2：1に調節する。
- つまようじを直角にたてて、ボンドで接着面を固める。

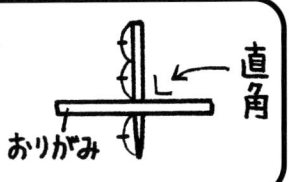

協力・細工藤庸子（おもちゃコンサルタント）

海外ケアラーズエッセイ

介護を受ける高齢者も自立して生きる?!

工藤 由貴子（国際長寿センター研究アドバイザー）

国際長寿センター主任研究員、武蔵野女子大学助教授を経て、現職。
高齢社会に関する国際比較研究を中心に研究活動・提言をおこなう。

　この連載では、海外で出会った4人のおばあさん達を紹介します。彼女らとの出会いから、私は「老年学」へと導かれ、「人間の尊厳ある生き方や自立の意味、あるいは自立支援ケアとは一体どういうことか」など、とても重要なテーマを与えられました。人との出会いは本当に1つ1つが大切で、それぞれが織り重なり、不思議な力を醸すものなのですね。

　さて1人目は、15年前にアメリカで生活していた時にテニスの講座で出会った、当時70歳のミッキィおばあさん。ミッキィは、スポーツ万能、明るく世話好きで社交的。マンディという当時74歳のおばあさんとの2人暮らしを楽しんでいました。いわゆる、アメリカに多い「シェアード・ハウジング」という住まい方です。マンディは、ミッキィの別れた元夫の妹で、糖尿病で身体があまり丈夫ではなく、移動には杖を使用、知的で物静か、エレガントな雰囲気をいっぱいに漂わせた人でした。身体の弱いマンディの外出は、ミッキィが車を運転して付き添い、家事も請け負います。身体は丈夫ですが、わずかの年金で生活しているミッキィは、住宅をはじめ、経済的な安定をマンディから得ていました。

　ミッキィはある日、新しいラケットを手に入れたいと考えましたが、$200のラケット代は年金暮らしのミッキィには負担が大き過ぎます。彼女は逡巡していました。それを察知したマンディ。さりげなく「庭にバラを植えてリフォームしたい。庭師に頼むと、費用が$200かかる」というのです。早速ミッキィはマンディと交渉し、$200で庭のリフォームを請け負う約束をしました。その後、新しい大きなラケットを手に入れたミッキィのパワーアップしたこと！　しばらく彼女は、テニスで負けなしでした。

　互いのWay of Lifeを尊重して、本当に互いを大切に思いながらも、「あなたのためにしてあげる」「あなたに尽くしている」わけでなく、こんなにサクッとした関係性があるなんて、日本の家族関係で経験したことのない出来事に、正直感動しました。

　2人の関係は、マンディの身体が弱って、ミッキィの助けを借りても外出が難しくなったステージに至っても変わりませんでした。ミッキィはあくまでもマンディの意志を尊重して、「どういう生活がしたいのか」を確かめながら、彼女のWay of Lifeを創る手助けをしていました。

　人は歳をとり、ある段階からケアを受ける立場の「高齢者という存在」になるのではなく、高齢期という1つのライフステージを、尊厳をもって生ききること、そうした老いの過程をそのまま支えることがケアの姿なのだろうと2人の生き方から学びました。「そんなこと当たり前」と思われますか？　高齢者ケアの現状を見ると、案外当たり前なことではないように思うのです。

ほっと一息 アロマで ハンド & ハートケア

イリデセンス代表　岩井 ますみ

　重いものをもったり、水を扱ったり、介護の仕事は手を酷使します。たまには働き者の手をじっくりいたわって、手も美しくなる気持ちの良いセルフトリートメント（マッサージ）をしてみましょう。手にはたくさんのツボがあり、ほぐすと血流が良くなり、身体もぽかぽかと暖まります。マッサージをした方の手は見違えるほどきれいなはずです。

　精油をブレンドすれば、周りに香りが広がり、あなたの心も癒されます。

　植物油30mlに精油6滴以内を加えトリートメントオイルを作ります。植物油は合成保存料などを含まないアーモンド油、オリーブ油、椿油、太白ごま油等か、ホホバオイルを使います。保存は冷暗所で約1ヵ月です。

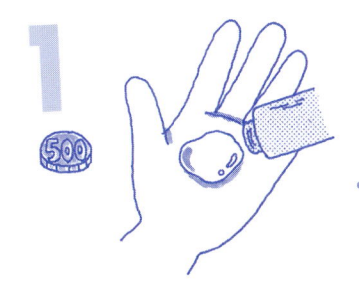

1 500円玉ほどの量のトリートメントオイルを手にとり、両手全体にのばします。

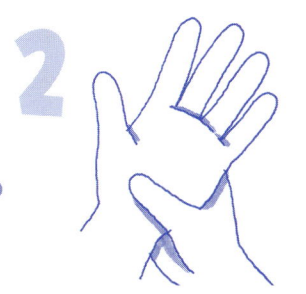

2 硬くこわばっているところをやさしく揉みほぐすようにマッサージしましょう。

3 必ず最後は指先からひじの方に向かって心臓に血を戻すつもりでさすって終了しましょう。

【精油の特徴】

ラベンダー：さわやかな香りは、ストレスなどで疲れきった心を鎮静させる睡眠の香りとして有名で、リラックス効果があります。鎮痛効果や、消毒作用も高く、アロマテラピーでは万能精油といわれています。

ゼラニウム：薔薇に似たまろやかな香りが特徴。キーワードは「バランス」で、ホルモン分泌や皮脂分泌、消化液の分泌などの調整の他、精神的な意味でのバランスを回復します。

イランイラン：原産地フィリピンのイランイランの木に咲く花から抽出された、フローラルでエキゾチックな甘く重い香り。心のざわつきを静め、穏やかにするリラックス効果があります。濃い香りなので、量は控えめに。

カモミール：リンゴにも似た、暖かみのあるフルーティーな香り。不眠や鎮痛効果、肌への保湿効果として、化粧品やマッサージオイルのブレンドに使われます。

お薦めの精油：ラベンダー、イランイラン、ゼラニウム、ローマンカモミール等。

ブレンド例：ラベンダー4滴＋ゼラニウム2滴、イランイラン2滴＋ローズウッド2滴。

＊精油がない場合は植物油だけ、また1種類の精油1滴でもかまいません。

＊かゆみや赤みが出るなど、肌にあわない場合はすぐに洗い流しましょう。

高齢者施設のアクティビティスキルを学ぶ

寺子屋AptyCare

お年寄りに声を出す楽しみを思い出してもらう
語り部ボランティア「わ」の会

　お年寄りは、年齢を重ねるほどすばらしい声やイントネーションを身につけていきます。そのすばらしい声を活かしてもらおうと、お年寄り自身が本を読み聞かせる「語り部活動」をサポートする"語り部ボランティア「わ」の会"をご紹介します。

　「語り部ボランティア」は、お年寄りに自ら本を読み語っていただくことによって人前で輝く場を演出するボランティア活動です。児童文学作家の正岡慧子氏によって提案され、神奈川県横浜市の特別養護老人ホーム「さくら苑」桜井苑長のもと、7年半前より実施されています。

　月に2回、第1、3火曜日（14:00〜16:00）に活動をおこなっています。ボランティアは、下の表にまとめたように、語っていただく原稿を準備し、読みやすいよう

事前準備
●原稿を選ぶ ・原稿は、語る人も聞く人も負担がかからない短い話や、とんち話、落語などもよい。 ・「どちらのご出身ですか？」などの会話から、声のトーン、スピード、イントネーションをつかみ、それをヒントに、お話を選ぶ。例えば、のんびりした話し方や方言のある方には、民話をお勧めする。 ●原稿の準備 ・原稿は、小学校3年生くらいの漢字を適当に混ぜ、ワープロで縦書きに打つ。 ・お年寄りに合わせて、読みやすい字の大きさにコピーする。 ・原稿は各自に差し上げているが、お年寄りがどこかへ忘れてもよいように、個別にファイルを作って保管するようにしている。 ●当日の準備 原稿、あれば原稿を立てる台（譜面台でも可）、マイク。

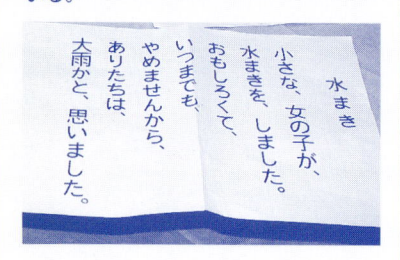

時間	一日の流れ
13:30頃	●ボランティア集合 ●参加人数に合わせて場所を確保し、テーブルやイスを用意。原稿や原稿を立てる台、マイクなども用意する。 ●朝6時に起きてベランダで発声練習をする方もいる。
14:00すぎ	●ボランティアや職員がお年寄りの居室に伺い、「語り部の時間が始まります。お話を読んでみませんか？」「本を読むのは好きですか？」とお誘いし、会場までお連れする。 ●大体集まってきたら、ボランティアが「そろそろ始めましょう」と声かけをする。季節の歌を歌うことから始めることもある。 ●一人が一作品は読めるように、順番を考えながら進める。 ●何度も参加いただいている方には「前に読んだ作品を読んでみますか？」とお勧めしたり、その時の表情を見て、違う作品をお渡しする。 ●読み終えたところで一日に1、2ケ所だけ、声を強めたり弱めたりするところや、感情を入れるとよいところなどをアドバイスする。「ゆっくり読むと、お話の雰囲気が出て、個性ある語りができますよ」「感情がよく出ていて、とてもいい語りでしたね」など。 ●他の参加者からの感想やアドバイスを伺う。
16:00頃	●最後に、「今日の日はさようなら」などを歌って終了。 ●お年寄りを居室へお送りする。 ●反省会（原稿がお年寄りに簡単すぎたり、難しすぎたりしなかったか、時間配分についての意見交換。原稿準備や次回日時の確認。）

に雰囲気を盛り上げます。テーブルには季節の花や小物を飾り、見た目も楽しく、温かな雰囲気を演出しています。季節の花から様々な会話を楽しむこともでき、施設や自宅で過ごすことの多いお年寄りに楽しんでいただいているようです。さらに、トイレの介助や体調が優れない方への配慮といった細かなサポート、個人記録の作成なども大切な役割です。

最近では、活動の場が増え、ボランティアの数も足りなくなってきています。そこで、活動を多くの方に知って頂くために、ボランティアの実践報告を中心とした「語り部ボランティア講座」も開催しています。

活動の進め方や援助のポイントを学んで、貴方も始めませんか。高齢者に絵本を読み聞かせるのではなく、高齢者が本を読み語り、人前で輝く場をサポートするボランティアです。語り部ボランティア「わ」の会の活動に興味を持たれた方は、是非ご連絡ください。

連絡先
語り部ボランティア「わ」の会　小鶴吾亦子（こつる　あやこ）
神奈川県横浜市旭区今宿1-12-8
電話：045-362-2832

お年寄りの様子	配慮のポイント
●朝6時に起きてベランダで発声練習をする方もいる。 ●最初は、「私が読むんですか」「本を読むのは恥ずかしいよ」という人もいるが、声を出して表現する楽しさや満足感を知り、目の輝きや立ち居振る舞いが変わった方もいる。 ●「語りを聞くのは楽しいですが、私の読み語りを皆さんが嬉しそうに笑いながら聞いてくれることが、さらに楽しい」という声も聞かれる。 ●真剣に語りに聞き入る方や、「良かったわよ」と楽しそうな声を上げる方、いろいろな反応が見て取れる。	●お年寄りの体調や顔色の変化に目を配りながら、読んでいただく順番を決める。 ●時間には充分な余裕を取り、お年寄りが落ち着いて過ごせる場づくりを心がける。 ●体調に目を配り、顔色が優れない方や早く部屋に帰りたい様子のお年寄りには、無理にお勧めしないようにする。短めの原稿をお渡しし、早めの順番で読んでいただく。 ●最後まで読めた達成感を味わってもらうために、「字が見えないよ」と言ったり、読みにくそうにしている方には、読みやすい内容や、文字の大きさの原稿を用意する。 ●目の高さまで原稿を持ち上げる。背筋が伸びて姿勢が良くなり、声も出やすくなるだけでなく、読むスピードもゆっくりになり、落ち着いて読める ●原稿を手で持つことが難しい方は、ボランティアが支えたり、譜面台を使う。 ●耳の遠くなった方や声を出しにくい方もいるので、マイクを使う方がよい。 ●お年寄りが読んだ作品は、タイトルや読む様子をノートに記入して、個人記録を作っておく。

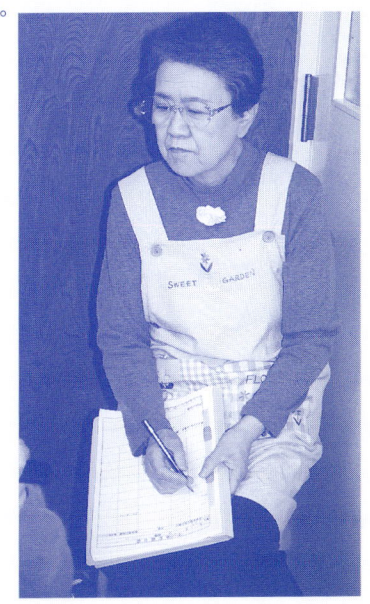

私の施設は特養ですが、利用者に、施設内で使用しているバスタオル類のほつれを縫ってもらっています。「自分が少しでも役に立っている」と感じていただいているようです。それから、入浴や着替えの着脱時には、昔の歌謡曲など、音楽をかけています。ゆっくりとくつろいでお風呂に入れると評判でした。また、昔、流行っていた黒ひげゲームを施設でおこなってみたところ、大好評でした。あと、マージャンも大人気でした。他に、昔の歌謡曲以外に、「氷川きよし」「天童よしみ」などの最近の歌も、皆で覚えて歌っています。

Sさん（富山県）特別養護老人ホーム　ケアワーカー

AptyCare 知恵袋

■折り染め

障子紙を四角、三角、ぐしゃぐしゃなど、好きに折って、絵の具に浸して染めます。一枚の紙に、2、3色の絵の具に浸すと、きれいな模様ができて、楽しめます。染めた紙は、貼り絵や和紙細工に使って、2度、3度と楽しんでいます。

Kさん（東京都）デイサービスセンター　職員

■生活年表づくり

①ご主人や奥様とのツーショット、戦前戦後の時代の写真など、思い出の写真を持参していただく（写真を選んでいただくのも楽しいし、回想の時間にもなる）。

②数名集ってグループになり、写真を元に、自由に話していただく。個人記録に基づいて、各グループのリーダー（スタッフ）が、話のきっかけづくりをする。

③世界的な事件や、日本での出来事（戦争、地震、疎開など）、身近な出来事（子育ての時期、出身地など）など、リーダーが話題提供をする。お年寄り同士の共通話題や苦労話をしながら、個人個人の生活年表を作り出していく。

Yさん（神奈川県）
特別養護老人ホーム　寮母

私の職場はグループホームなので、日常生活全体がリハビリです。中でも一番人気は、「料理」。食材の皮むきやきざむ作業、味見、洗い物など、いつもお手伝いしていただいています。食材や作り方、食べ物の旬の話など、回想の効果もあります。お年寄りの皆さんと、やってみて良かったレクリエーションは、①はし置き作り→牛乳パックを細長く切り、千代紙を貼って、形を作って、ニスを塗りました。毎日の食事の時に使っています。②ストレッチ体操→グループホームは、老健などに比べると狭いため、運動不足になりがちなので、入居者の方も喜んで参加されています。

Nさん（千葉県）グループホーム　介護職

　中国抑留孤児の小説を、施設で朗読しました。普段は、5分も座っていられない痴呆老人の方が、約1時間、静かに座って聞き入っていました。そして最後は、皆さん涙をこぼしていました。私の常識を超える、青天の霹靂（へきれき）でした。痴呆って何だろうと、深く心に問いかけてしまいました。

Rさん（千葉県）
デイサービスセンター
ケアマネージャー

　市販されているサイコロや、施設にあるサイコロでは、大きさが不十分と思いましたので、段ボールや模造紙を使って、大きなサイコロを作成しました。手作りサイコロを使った利用者は、今まで見たことのない大きさに驚いていました。さらに、力いっぱいにサイコロを放り投げることで、普段なかなか使わない、腕の力を活用することにつながったのではと思いました。

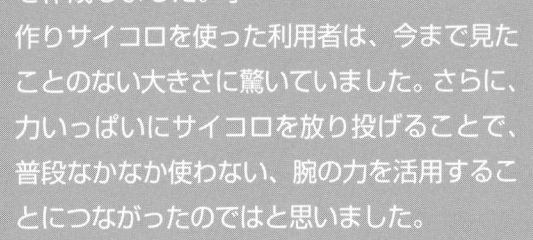

Kさん（東京都）特別養護老人ホーム　ケアワーカー

投稿募集！

「AptyCare 知恵袋」では、皆様からの「高齢者施設の現場で役立つアクティビティの知恵やエピソード」を募集しています！　やってよかったアクティビティ、お年寄りに人気のアクティビティ、ちょっと失敗したエピソードなどを、芸術教育研究所　AptyCare係までお寄せください。採用の方には、お礼を進呈します。

〒165-0026　東京都中野区新井2-12-10　　E-mail：aei@toy-art.co.jp

高齢者福祉に役立つカット

青木智恵子の 生き生きイラストワールド

イラスト・飾りけいなどを使って、読む人がわかり易くて楽しくなるようなPRパンフレットやおたよりを作ってね！

移送サービス

訪問

福祉タクシー・
交通費助成

訪問リハビリ・
訪問介護

配食サービス

緊急通報システム

審査

申請

窓口

入浴介助

布団乾燥・洗濯サービス

食事介護

訪問看護

風邪に注意！

47

●発刊のことば

Aptyをあなたの心のポケットに

　人はみな、自分らしい幸せを求めて生きています。そのためには、「身体」と「心」の健康が生活をする上で大切になってきます。栄養のバランスある食事が身体の健康に大切なように、心の健康は芸術文化と遊び文化が生活の上に充分に保たれていなくてはなりません。

　こうした文化が生活の中で不足すると、心の栄養失調となり、人は生きる力を低下させ、煌めき、輝く人生を失速させます。芸術や遊びは人々にとって、まさに食事と同じくらい大切で、日常的なものです。そのように考えれば、年齢やハンディキャップのいかんを問わず文化の栄養補給は必要です。様々な文化と仲良く付き合うことで、自己実現を果たす生き方を求めることが、誰にでも等しく保障されていなくてはなりません。

　福祉が生活文化であるならば、福祉は、こうした生き方を目指す人々へのサポートと考えていきたいものです。従来の介護を中心とする手を差し伸べる福祉から、共に文化を創り出す福祉をも加えた、新たなる転換を必要と思い、私たちはそれを「アプティケア（AptyCare）」と位置づけました。

　Art、Play、Toyの頭文字をとった造語ですが、「芸術」と「遊び」、それに人を楽しませる「道具」を高齢者ケアのもう一つの主軸に据えていくことを目指すメッセージです。そもそも、Aptには、「得意である」「才能がある」という英語の意味もあり、高齢者の能力を尊重し、開花させることも目指します。

　知恵と技をたくわえ、人生の年輪を刻む高齢者に、健康で文化的な生活を保障することが、ケア従事者の最大の願いとなることを期待します。

芸術教育研究所所長　多田千尋

予告

AptyCare 2号　　　　　　　　　　　　2003年2月15日頃発売

特集──自然とふれあう時間を楽しむ

芸術教育研究所

美術、音楽、演劇、文学、工芸など、芸術教育を通して子どもから高齢者までの多世代を対象とした研究機関として、1953年に設立。1984年には「おもちゃ美術館」を併設。近年は「世代間交流」の視点による芸術教育のアプローチも展開し、手工芸や遊びに力点を置いた高齢者の福祉文化活動の研究・調査は、数々の専門書や実用書、さらに研究会などによって成果を発表。レクリエーション、音楽、おもちゃ、おしゃれなど、様々な切り口から高齢者の生活を楽しくする方法を学ぶ「高齢者のアクティビティ支援セミナー」も開催し、福祉現場の関係者4000名以上が修了している。福祉関連図書として、福祉実技シリーズ全6巻、やさしい手やさしい手遊びの本全9巻など多数。

　編　　　集＝芸術教育研究所（所長・多田千尋）
　編　集　長＝寺橋真由美
　協　　　力＝菊池貴美江、大江緑、山田恭代
　イ ラ ス ト＝渡井しおり、山口裕美子
　写　　　真＝栁下敏久　　表　紙＝伊藤靖子

お問い合わせは…
芸術教育研究所・おもちゃ美術館　〒165-0026　東京都中野区新井2-12-10
TEL. 03-3387-5461　http://www.toy-art.co.jp

AptyCare 1
2002年11月15日　初版発行

編　者　芸術教育研究所
発行者　武馬久仁裕
デザイン　ヒューズ
印　刷　株式会社太洋社
製　本　株式会社太洋社

発行所 株式会社 黎明書房

〒460-0002 名古屋市中区丸の内3-6-27 EBSビル
☎052-962-3045　FAX052-951-9065　振替・00880-1-59001
〒101-0051 東京連絡所・千代田区神田神保町1-32-2
南部ビル302号　☎03-3268-3470

落丁本・乱丁本はお取替します。　ISBN4-654-00141-7
©ART EDUCATION INSTITUTE 2002, Printed in Japan

―お年寄りの生活を豊かに楽しくするための生きがい活動を学ぶ―

2002～3冬 高齢者のアクティビティ支援セミナー

老人ホーム，デイサービスセンター，老人福祉センター，保健所，老人病院，老人保健施設などで，お年寄りの生活に関わっている方々，ボランティアや社会福祉の分野の学生や興味のある方，皆様のご参加をお待ちしております。

日程とプログラム

2002年12月5日（木）

10:00～11:00 「高齢者の心の語り部生き生き活動」　語り部ボランティア「わの会」
　読み語りは，介護を必要としている高齢者も積極的に自己表現できる活動です。実践の提案・指導者である正岡慧子氏とともに活動を支えてきた「わの会」メンバーが，実践報告と支援ポイントを伝えます。

11:05～12:35 「簡単で本格的なアート活動・壁面装飾」　片桐由喜子（＠シンフォニー☆遊代表）
　折る，切る，貼るという作業から，指先の運動を促し，作りあげる喜びを味わえるアート活動はアイデアときっかけ作りが決め手です。高齢者の意見を上手に取り入れながらすすめるスキルも学びましょう。

13:45～16:15 「音楽遊びから療育音楽の指導と実践」　深井眞理子（療育音楽スーパーバイザー）
　音楽が苦手な方や痴呆症や身体が不自由なお年寄りも，心が自然に動き，身体が楽しくリズムにのる療育音楽を学びます。心身のリハビリになり，日々の生活を生き生き演出させるアイデアを紹介します。

2003年1月9日（木）

10:00～11:00 「お年寄りの生活に生かすカラーコーディネート」　岩井ますみ（カラーコーディネーター，イリデセンス主宰）
　身近な小物で，素敵におしゃれを楽しむことで，お年寄りの表情は変わり，驚くほど元気になります。色に気を配ることでお年寄りの生活を心地よくし，安全面も配慮できます。

11:05～12:35 「身近な材料で暮らしを楽しむ手作り遊び」　菊池貴美江（芸術教育研究所研究企画室室長）
　紙や布，毛糸などの特徴を活かして製作する簡単手工芸遊びから，身近な材料でゲームやおもちゃなどの道具作り・遊びのバリエーションを学びましょう。

13:45～16:15 「タイプ別　高齢者の生活レクリエーション」　高橋紀子（福祉レクリエーションワーカー）
　指導することが楽しくなるレクリエーションを学びます。お年寄りの様々な事情にマッチした遊びのエッセンスを覚えながら，自分の中に眠っている遊びのセンスを磨きましょう。

2003年2月13日（木）

10:00～11:00 「高齢者介護のアウト・ドア・ライフのすすめ」　馬場清（福祉文化学会事務局長，浦和短期大学講師）
　人は自然や豊かな遊びを通して生活を活性化しています。介護を必要とする高齢者であっても，自然に囲まれながら楽しめるキャンプなど，アウト・ドアでの楽しみ方を提案します。

11:05～12:35 「高齢者のフラワーセラピー　導入と展開」　田村記子（NPO法人フラワーセラピー研究会代表）
　花と楽しく付き合うことは，リハビリから心のセラピーなど，癒しの効果が期待できます。福祉の世界で注目されているフラワーセラピーの方法や効果，ボランティア導入方法も学びます。

13:45～16:15 「高齢者の遊びレク・おもちゃレク」　多田千尋（芸術教育研究所所長）
　楽しい活動は自然に体が動き，心が動きます。楽しみながらリハビリでき，コミュニケーションが豊かになる遊びを学びます。高齢者と楽しむ世界のおもちゃや，手作りおもちゃも紹介します。

■会　場■　「なかのZERO」本館地下2階　視聴覚ホール（東京都中野区）
■定　員■　各日　50名
■参加費■　一般　8,000円／1日　　芸術教育の会会員　7,000円／1日
■問い合わせ■　「高齢者のアクティビティ支援セミナー」事務局
　　　　　連絡先・〒165-0026　中野区新井2-12-10　芸術教育研究所　TEL03-3387-5461　FAX 03-3228-0699
　　　　　E-mail aei@toy-art.co.jp

芸術教育研究所監修
福祉実技シリーズ全6巻

● 黎明書房刊

① お年寄りの楽楽レクリエーション
高橋紀子著　　　　　　　　Ｂ５判　112頁　2000円

お年寄りや障害を持つ人と交流するためレクとその心構え，実際のプログラムを満載。場所と障害の程度にあったレクが選べる一覧表付き。

② お年寄りの楽楽あそび・年中行事
島田治子著　　　　　　　　Ｂ５判　128頁　2000円

お年寄りが楽しめる行事を季節ごとに紹介。入門から発展へと，段階を追って楽しめるように構成し，現場でのレポートを併録。

③ お年寄りの楽楽おしゃれ術
岩井ますみ著　　　　Ｂ５判　100頁（カラー32頁）　2200円

お年寄りが気軽に楽しめるおしゃれのアイデアを，スカーフの巻き方から，小物づくり，色の演出方法まで多数紹介。

④ お年寄りの楽楽壁面かざり
小松節子・蒲生美子著　　Ｂ５判　88頁（カラー40頁）　2200円

福祉施設等で，お年寄りと一緒に作ることのできる，紙の花や季節の壁面かざりの作り方を，カラー写真とイラストで紹介。

⑤ お年寄りの楽楽花あそび
フラワーセラピー研究会編著　Ｂ５判　80頁（カラー40頁）　2200円

花を使ったモビールやすだれ，額縁，ドア飾りなどの作り方を季節に合わせて紹介。花作りの楽しみ方，ガーデニングの基礎も掲載。

⑥ お年寄りの楽楽手工芸
蒲生美子・小松節子著　　Ｂ５判　88頁（カラー32頁）　2200円

折り紙などを使った簡単な作品，刺し子のコースター，自作の編み機で編むマフラー，みんなの作品を合わせて作るパッチワーク等を紹介。

芸術教育研究所所長　多田千尋著　　　　　　　Ａ５判　184頁　1700円

遊びが育てる世代間交流
――子どもとお年寄りをつなぐ

子どもとお年寄りが共に充実した毎日を過ごすために，新しい世代間交流のあり方を提案します。世代間交流の形をデザインする／お年寄りと子どもを再びつなぐ／少子高齢社会の新おもちゃ論／他。

おもちゃ病院連絡協議会監修　松尾達也著　　　Ｂ５判　116頁　1800円

おもちゃドクター入門
――おもちゃ修理のマニュアルから病院開設まで

身近なおもちゃの故障を直す，おもちゃドクターになってみませんか。修理道具の使い方，基本的なパーツ，故障の症状・パターンとその対策などをわかりやすく解説します。

表示価格は本体価格です。別途消費税がかかります。

高齢者のためのパネルシアター＆ペープサート①
水戸黄門漫遊記

小川信夫 作・構成　　中村美保 絵　　　B4ケース入り・6000円

●パネルシアターとは、観客の正面に、ネル布を貼った大きなパネルを置き、演じ手がそのパネルの脇に立って、不織布でつくった絵人形をパネルの上にくっつけたり、はずしたりしながら、物語にそった場面を構成し演じる動く紙芝居です。
●今回、劇作家の小川信夫先生の作・構成により、福祉施設等でのお年寄りのレクリエーションに役立つ、ペープサートを組み合わせた『水戸黄門漫遊記』を制作しました。切り抜いてすぐに使えるカラー刷の絵人形と、解説書（上演の手引き・脚本）がセットになっています。

高齢者福祉・介護・保健のためのイラスト・カット集
青木智恵子著　　　　B5判　128頁　2000円

日常生活・介護用品・リハビリのカットや、健康4コマ漫画、表彰状など、コピーしてすぐに使える楽しいカットを満載。

介護保険・福祉に役立つイラスト・カット集
青木智恵子著　　　　ABワイド判　88頁　1900円

介護・福祉サービス、介護保険のカット、お年寄りの日常生活に関するカット、年間行事、四季の行事、風物など。

栄養士のための楽しいイラスト・カット集
青木智恵子著　　　　B5判　136頁　2000円

献立表、栄養クイズ、栄養4コマ漫画、介護教室、給食だよりなど、食生活に関するかわいいイラストを満載！

思い出の歌を手話でうたおう
　　心にのこる四季の歌
伊藤嘉子編著　　　　B5判　64頁　1700円

昔懐かしい歌を、手話でうたってみませんか。音楽療法の効果もあり、手・指のリハビリやコミュニケーションにも役立つ一冊。

重度痴呆のお年寄りのレクリエーション援助　痴呆の人も幸せに
田中和代著　　　　B5判　80頁　1500円

重度痴呆のお年寄りに、生きる喜びや、人とのふれあいの機会をより多く持ってもらうための一人ひとりの症状に合わせた援助法を紹介。

痴呆のお年寄りの音楽療法・回想法・レク・体操　CD付：車イスの人も一緒にできる体操
田中和代著　　　　B5判　80頁　2600円

様々なレクリエーションの方法を、図と写真を交えて紹介。初めてでもできる音楽療法や、付属のCDですぐにできる体操などを収録。

表示価格は本体価格です。別途消費税がかかります。

高齢者ケアのためのゲーム&遊びシリーズ

全5巻　A5判　揃本体価格7600円

① **健康増進 生き生き体操59**
三宅邦夫・中神　勝著　128頁　1500円

② **手づくりおもちゃで孫と遊ぼう**
芸術教育研究所・おもちゃ美術館編　120頁　1500円

③ **生きがいづくり・健康づくりの明老ゲーム集**
豊田君夫・今井弘雄著　108頁　1600円

④ **ちょっとしたリハビリのためのレクリエーションゲーム12カ月**
今井弘雄著　100頁　1500円

⑤ **集会やお楽しみ会のレクリエーションゲームBEST47**
グループこんぺいと編著　96頁　1500円

高齢者のレクリエーションシリーズ

全5巻　A5判　揃本体価格7500円

① **ちょっとしたリハビリのための手あそび・指あそび**
今井弘雄著　100頁　1500円

② **かんたん・きれい 絵あそび・おもちゃ・部屋かざり**
枝常　弘著　96頁　1500円

③ **心もからだもリフレッシュ！元気体操41**
三宅邦夫著　96頁　1500円

④ **座ったままで楽しめるあそびBEST41**
グループこんぺいと編著　90頁　1500円

⑤ **車椅子・片麻痺の人でもできるレクリエーションゲーム集**
今井弘雄著　98頁　1500円

高齢者の遊び&ちょっとしたリハビリシリーズ

A5判　以下続刊！

① **ちょっとしたボケ防止のための言葉遊び&思考ゲーム集**
今井弘雄著　94頁　1600円

② **簡単レクBEST58&介護ダイヤリー**
──1週間ごとの書き込み式
グループこんぺいと編著　126頁　1700円

③ **おおぜいで楽しむゲームと歌あそび**
今井弘雄著　92頁　1600円

④ **ハンディ版 介護・福祉のちらし・おたより・カット集**
青木智恵子著『書き込み式コピーでできる 介護・福祉のちらし・おたより・カット集』ハンディ版。88頁　1600円

〒460-0002 名古屋市中区丸の内3-6-27 EBSビル
☎(052)962-3045　FAX(052)951-9065
http://www1.biz.biglobe.ne.jp/~reimei/

黎明書房

東京連絡所〒101-0051 千代田区神田神保町1-32-2
南部ビル302号　☎(03)3268-3470

表示価格は本体価格です。別途消費税がかかります。